Nouhayla Bouzroud

Le jeux Du Destin

Nouhayla Bouzroud

Le jeux Du Destin

la vie, le destin et l'amour

Éditions Muse

Imprint

Cover image: www.ingimage.com

Publisher:
Éditions Muse
is a trademark of
Dodo Books Indian Ocean Ltd., member of the OmniScriptum S.R.L Publishing group
str. A.Russo 15, of. 61, Chisinau-2068, Republic of Moldova Europe
Printed at: see last page
ISBN: 978-620-3-86564-6

LE JEUX DU DESTIN

1*Annabelle mais que tout le monde appelle Hanna 23ans, elle vient de terminer ses études et chercher du travail qui plutôt m'était du temps à ce présenté a elle mais elle ne perdit pas espoir*

Elle était une simple fille avec une magnifique chevelure noire

De beaux yeux verts comme un jardin exotique malgré son jeune âge elle avait

La grâce d'un étalon noir arabe de son pure,

Et malgré sa beauté simple elle ne se trouver pas particulièrement belle mais dans les yeux de son ami fidèle chtroupie elle était unique.

Son petit chien qui la suit partout comme son ombre.

Chtroupi était un cadeau de ses parents pour 3 anniversaire et c'était le plus beau cadeau quelle reçue au moins il n'a jamais change ni ai.

Elle était dans son appartement qu'elle appelait un placard tant il était petit quand quelque un sonna a la porte

Elle n'a aucune envie de parler ni voir quelqu'un mais à contre cœur elle alla ouvrir la porte

- *tu as mis du temps ?*

C'était Gabrielle sa mère un docteur qui se tenait à la porte en souriant

-Maman chérie en souriant

- Tu me manque aussi puisque tu ne veux pas me rendre visite alors c'est moi qui est venue en la serrant dans ces bras

-Mais non maman c'est juste que jetait occuper avec la recherche du travail c'est tout et le loyer

-Alors comment tu vas ?

-Tu va bien ?

-Tu manges bien ?

-Je te trouve un peu maigri ?

Hanna éclata de rire

-Maman je vais très bien je ne suis plus une enfant,

Et oui je mange très bien j'ai pris 2kilos que je dois vraiment perdre avant de devenir une vrai petite vache

Sa mère la regarda avec un air abasourdi

-Ma puce tu ne vas devenir une petite vache juste en prenant 2kilos et même si tu devenais une tu vas être une merveilleuse vache

Les deux s'éclatèrent de rire

Hanna regarda sa mère et ne pouvait pas s'empêcher de ce dire que malgré son âge et les rides qui marque son front et ses yeux mais elle était toujours splendide et belle comme elle la toujours était à son jeune âge,

Alors elle prit une voix jouissante et dit

-Puisque tu es la pourquoi ne pas passer la journée ensemble

Sa mère lui répondit

- Je ne demande que ça mon cœur, tu penses a quoi ?

-Et si en allait au cinéma et après en peux soit prendre un café soit faire les magasins

-Bien ça marche excellente idée

C'était 6h du soir Hanna et sa mère sont dans un café après avoir vue un film rigolo au cinéma elles ont allaient dans un café

Elles rigolaient et évoquaient tous les souvenirs qu'elles ont dans ce café

Mais cette joie était d'une courte durer le téléphone de sa mère vient de sonner

C'était l'hôpital

Alors d'un air triste sa mère lui dit en lui montrant le téléphone

le travail appelle

Hanna sourit

-Je comprends au moins en a passer un moment ensemble que j'ai adore avec un sourire

Sa mère lui rendit son sourire

-oui ta raison j'ai aimé cette journée aussi ma chérie je suis heureuse que tu vas s bien et prend bien soin de toi en l'ombrassent avant de monter à sa voiture

Hanna regarda sa mère partir mais sans savoir pourquoi son cœur se sera tout à coup elle sentait comme si ça va être la dernière fois mais elle chassa cette pense et pris le chemin de son appartement.

Une fois à la maison elle trouva son petit chtroupi elle le prit dans ces bras en le serrant,

Elle était tellement fatiguer quelle pris une douche pour se mettre au lit, au moment où elle allait dormir elle prend son téléphone trouva un message de sa mère lui

Hanna je t'aime ma chérie plus que tout dans ce monde et ne baisse pas les bras tu vas trouver un travail qui tu aimeras et je mis un peu d'argent dans ton sac juste pour t'aider un peu

Hanna regarda le message avec stupéfaite elle prit son sac et trouva la somme d'argent.

Hanna ne croyait pas ses yeux

Alors elle prit le téléphone et essaya d'appelait sa mère mais elle tomba sur son répondeur.

Peut-être qu'elle a commencé son travail alors lui envoya un message

Maman chérie merci beaucoup j'en avais vraiment besoin et moi et je t'aime de tout mon cœur je t'appellerais demain.

C'était 3h du matin quand son téléphone sonna un numéro quelle ne connait pas

-Allo

-Vous êtes mademoiselle Hanna ?

-Oui vous êtes qui ?

-Vous connaissait madame Gabrielle démos ?

La façon dans cette voix lui posa la question elle sentit son cœur se resserrait et commençait à battre très vite

-Oui c'est ma mère, est ce qu'elle va bien ?

Je suis le détective Wilber je suis vraiment désolé votre mère et morte

Hannebelle sentit ses jambes la trahirent et ne la porter plus, elle s'effondra sur le lit en répétant :

-Quoi ..... M... MORTE comment ça morte je viens de la voir aujourd'hui elle vient de m'envoyer un message

Mademoiselle Vous devez venir au commissariat.

Apres tout c'est passer très vite elle était au commissariat ou le détective Weyburn lui expliqua tout ce qui c'est passer sachant qu'elle n'écouter aucun mot

Mademoiselle vous allez bien et ce que j'appelle quelqu'un de votre famille c'était le détective Wilber qui la regarda

Il n'y a personne mon père est mort avant que je ne naisse et je ne connais personne Je peux .... je veux la voir je veux voir ma mère

Hanna avait le regard vide suivait le détective Wilber c'était un homme de taille grande mais mince avec une barbe, il a un gros nez, un gros front, de gros yeux de couleur marron. Il offre au premier aspect qu'il peut détecter les profonds secrets sont qu'il ne te pose même pas une question, avec des dents jaunes à cause de la cigarette, il était présentable mais il dégager l'odeur de la naphtaline de ces habits. En arrivant à la morgue   elle était comme une morte et ne croyait pas que ma mère n'était plus là.

C'était une salle froide avec plein de tiroir il, il y avait un vieux médecin légiste il la regarde puis ouvris un ces tiroir alors elle était les yeux ferme et dorme a tout jamais et la elle c'était effondre en prenant sa mère elle pleurait et voyer dans sa tête le sourire de sa mère et entendit son rire maman revient, pourquoi tes partis ? Elle ne pouvait plus Hannabelle criait et pleurait « dans ma vie , j'ai appris à aimer , a sourire , a être heureux , être fort , à travailler dur , être le meilleur pour moi , être fidèle , mais je ne pourrais jamais apprendre à t'oublier et vivre sans toi a tout jamais maman .

Hanna pleurait les larmes de son cœur maman ma petite maman je t'aime

Les deux hommes la regardèrent avec tristesse

,

C'était 10h du matin, quand elle rentra a la maison comme un zombie les yeux toute rouges et là le cœur brise et chagriner à cause de la perte de sa mère, elle ne revenue pas encore qu'elle ne la reverra plus jamais quelle n'entendra plus sa voix ni son rire.

Matin à 8h Hannebelle vient de se réveiller, c'était une journée pluvieuse et pourri comme toutes les journées pendant un mois, et oui ça fait un mois que sa mère est parti. En même temps elle se rappela de ce que le détective lui a dit le jour de la mort de sa mère « votre mère madame Gabrielle Démonte était avec un patient jusqu'à que des coups de feux sont retenti dans toute l'hôpital entre deux hommes sauver un petit garçon qui pleurait et qui au même moment sortait de la chambre pour appeler son père et par accident un des coups a atteint votre mère qui a essayer de le sauver , elle a resté là dans son sang il y'avait personne pour la secourir . juste une personne peut être l'un de ses hommes ou juste un visiteurs à essayer de la secourir l'un des infermières qui a était là avec ta mère a dit il l'avait porter à l'intérieur d'une chambre et lui a demander de la sauver en même temps l'ami de votre mère a vu un pistolet à l'un trieur de sa veste et l'a mentionné aussi qu'il était blesser au bras alors peut-être il était avec eux et il est parti vers ces hommes quand il l'ont vue ils ont arrêté puis au même moment que la police est arrivé ils ont disparues . »

Elle a reste la a le regarder et a imaginé la peur de sa mère et se demandant pourquoi elle a sorti de la chambre, mais en connaissant sa mère elle savait que cette dernière ne laisse jamais et n'abandonne personne quand il a besoin d'aide.

Tan de question dans la tête d'Hannabelle qui demanda au détective « je ne comprends pas pourquoi ils étaient dans l'hôpital ? Et ce que il y'avait quelqu'un de leur famille et de leur amis dans l'hôpital qui visitaient ? Est-ce que vous avez leurs images ? Leurs informations ? Et qui était cette personne qui a aidé maman ? Et de toute façon il est l'un deux alors c'est sa faute que ma mère soit pari, »

Il y'avait de la rage dans sa voix et elle était en colère elle se leva de son siège et commença à crier et en pleurant.

Le détective la regarda « mademoiselle je vous comprends je comprends votre peine, mais ça ne servira à rien de s'énerver en va les trouver. »

Voilà la seule chose qu'il lui dit « en va les trouver »

Le jour de l'enterrement elle était seule toute seule personne pour la réconforter ni famille pour l'aider, elle se rappela avoir dans les mains le Glaïeul la fleur de la force et la fierté que sa maman aimer tant et qui la symbolise tell quelle était.

Elle se baissa sur le cercueil et posa les fleurs et disant « maman je t'aime de tout mon cœur. »

En ce remémorent cette journée ils avait des larmes qui mouiller son visage elle regarda la photo de sa mère la porta a son cœur l'embrassa puis elle se dit quelle doit se lever même si elle n'a qu'une envie c'est rester à la maison dans son lit et ne voir personne , elle ne voulait pas être la forte Hanna elle ne pouvait pas mais elle se rappela de ce que sa mère lui a dit la première fois quand elle a décidé d'acheter a appartement et de vivre toute seule .

« Hannabelle ma chérie rappelle-toi de ces mots quand tu te sentira abattue et fatiguer sur le point de tout abandonner , « 'tout ce que la mer a offrir ce sont ses grosses bourrasques , et de temps en temps une sensation de puissance . Il est vrai que, je ne connais pas grand-chose à la mer mais ici en tout cas c'est comme ça. Et je sais aussi que la vie, le plus important ce n'est pas nécessairement d'être fort mais de se sentir fort et de se mettre à l'effort au moins une fois dans la condition humaine la plus archaïque. Affronter seul la nature aveugle et sourde sans rien pour vous aider ; si ce n'est tes mains, ta tête et ton cœur écoute le parfois il a raison ..... »

C'était ces mots étranges mont parue soit tills ce jour-là mais aujourd'hui j'en ai besoin ; j'ai besoin de les entendre.

La première chose à faire c'est quelle doit prendre une douche elle en a besoin ça va l'aider à avoir les idées plus claire.

11h, Hanna téléphona a l'ami de sa mère Albert Jackson.

Sa mère et lui était des vieux amis et ils ont travaillé ensemble depuis 10ans, elle le connaissait depuis qu'elle avait 6ans et sa mère lui faisait confiance.

Sa mère le lui a donné un jour son numéro en lui disant que si elle ne pouvait pas la joindre elle doit appeler se numéro. Et maintenant elle en a besoin,

Elle prend le téléphone et composa le numéro et attendit, puis

- Allo

C'était une voix grave mais chaleureuse,

- Oncle Albert, c'est moi Hanna .

Un silence à l'autre bout du fil puis avec un petit cri,

Hanna ma chérie c'est toi, tu vas bien oh que je suis désolé pour ta mère, allo Hanna tu es toujours là :

- Allo ......allo Hanna tout va bien

Hanna pleurait et avait du mal à parler à chaque fois quelle penser à sa mère puis avec effort

-Allo oui je vais bien oncle Albert

- Oh ma fille tu es la j'ai eu peur, ma chérie je suis désolé de ne pas avoir été dans les obsèques de ta maman, j'avais toute une d'opération et je ne pouvais ne pas y aller ne m'en veux pas ma chérie

- Oh non oncle Albert je comprends parfaitement, mais si je t'appelle maintenant c'est que j'ai besoin de te demande une chose j'ai besoin de ton aide.

- Mon aide ? Mais oui que ce qu'il y a que ce qu'il t'arrive tout ce que tu veux

C'était un dimanche calme et le premier jour ensoleiller depuis un mois,

Elle était dans le café qui était juste à quelque pas de l'hôpital, et attendit avec impuissance l'arrivée du docteur Albert après lavoir appeler la veille en lui disant qu'il devait la voir au plus vite, au son de sa voix elle savait qu'il a trouvé quelque chose.

La porte s'ouvrit et un homme qui regarder dans tous les directions jusqu'à ce qu'il trouve ce qu'il chercher , Elle leva la tête un homme de taille petite mais gros , des yeux vert comme des émeraudes, ça fait des années quelle ne la pas vue et il est déjà presque chauve il la regarda en souriant mais ces yeux était pleine de tristesse .

- Hanna ma chérie

Il souriait, ce sourire qu'elle connaissait même cette voix grave mais chaleureuse.

- Oncle Albert

Ma chérie, il prend une chaise et s'assoit devant elle,

-comme tu as grandi, la dernière fois que je tes vue tétait pas plus grande qu'une table, tu avais 5 ou 6 ans ??

6ans, oncle Albert, lui répondant en lui rendant son sourire.

Apres avoir un bref silence il sortit de son manteau des documents et le tendit a Hanna,

Hanna ma chérie voilà ce que tu me demander tout ce que j'ai trouvé à leurs sujets,

Elle tendit sa main et pris les documents et sortis il avait des photos des 3 hommes et des informations qui les concernés.

Tu vas faire quoi maintenant avec ces document tu vas les apporter à la police ?

Hanna resta silencieuse, puis il comprend

Ma chérie ne fait pas ça ils sont dangereux je t'en supplie

Si ils se rendent compte ont est morts tous les deux,

Oncle Albert ne t'inquiète pas je ferais attention, mais maman n'a rien fait et il en tuer elle n'avait aucune relation avec eux ils me l'en pris

Ma chérie c'était un accident

Oui oncle Albert la police a beau dire que c'était un accident mais je ne crois rien

Albert voulu la convaincre mais quand il regarda ses yeux il voyer du chagrin et de la douleur d'un être chère et cette douleur qui la laisse se jeter dans la gueule du loup et quoi qu'il dit-elle appris sa décision.

Il prit sa main,

Ma chérie je comprends ta douleur fait ce que tu as à faire mais au moins laisse le détective t'aider tu ne vas pas arriver toute seule contre eux.

Non oncle Albert je ne vais rien dire à personne, si ils me tuent alors peut être que je ne serais plus toute seule et que je retrouverais ma maman, et si j'y arrive alors la justice est faite et je vengerais ma maman quoi la fin est quoi que le chemin est terrible et dangereux, je marcherais sur ce chemin, oncle Albert merci de m'avoir aidé je ne dirais pas ton nom a personne n'aie pas peur mais ne t'inquiète pour moi je suis la fille de maman.

Elle lui sourit pour le rassure même si elle veut le niait et prétendre le contraire devant le docteure Albert mais elle avait terriblement peur malgré sa voix est décider ces mains trembler et il le savait et le sentit car lui-même Il avait non seulement peur pour elle mais il avait peur pour sa vie et la vie de sa famille , Mais il ne dis rien il la regarda en silence .

Son téléphone sonna c'était son travaillé il y avait une urgence alors il devait partir,

Avant de partir il demanda de faire encore une fois attention, en le regardant partir elle se rappela de sa maman ce jour-là ou elles se sont rencontré.

Une fois à la maison elle prend les documents et commença a fouillait tout ce dont elle avait besoin pour se venger sa mère.

C'était 8h du matin, et depuis 6mois quelle prépare son plan et aujourd'hui elle va commencer son exécution.

Elle a un entretien dans l'entreprise ou les 3hommes travaillent, bien sûr elle changea son nom tout delle pour ne laisser aucune ressemblance entre elle et sa mère même si elle doute que quelqu'un la reconnaissent, elle avait un peu peur mais décider et se tourna vers la photo de sa mère et dit

Ma petite maman donne-moi du courage aujourd'hui, elle embrassa la photo et parti,

Devant le grand bâtiment ou elle lit PANABEE ENTREPRISE, c'était ici ou travaillent les 3hommes. Elle prend une grande respiration en entra dans le Grant hall c'était très grand et resplendissants, mais avant même de s'attarder a l'architecture la réceptionniste la voie et se leva alors Hanna se dirigea vers elle.

La réceptionniste l'accueille avec un sourire

« Bonjour, je peux vous aider mademoiselle ? »

« Bonjour, oui je suis ici pour mon entretien »

« D'accord mademoiselle votre nom s'il vous plait »

Lili burgaffe

« Oui effectivement mademoiselle burgaffe vous avez un entretien à 8h,

Mademoiselle c'est 20 ième étage, il y a une secrétaire elle vous montera le chemin »

« D'accord Merci au revoir »

« Au revoir mademoiselle »

Hannabelle se dirigea vers l'ascenseur elle appuie sur le bouton elle était absorbée par ses pensée et n'a pas fait attention au arrêt de l'ascenseur , quand elle se rendit compte la porte s'ouvrit et là son cœur commença a battre très fort comme un oiseau qui veux s'enfuir de sa cage devant elle se trouva l'un des hommes et qui de toute façon devra être celui qui va lui passer son entretien , c'était un homme grand de large épaule , des yeux noirs comme au fond d'un labyrinthe un sourire au lèvre elle était tellement sur l'emprise de son charme quelle n'a pas entendu ce qui l vient de lui dire

Mademoiselle vous allez monter ou descendre ?

Descendre ..... Non c'est mon étage je dois sortir elle était sur le point de sortir quand elle fait attention quelle n'était qua 10 ieme étage.

Je m'excuse monsieur non je vais monter jusqu'à 20 étage

Avec un sourire à la lèvre il appuie sur le bouton 20,

Elle se maudit pour sa maladresse et elle avait le visage tout rouge et la chaleur qu'il lui monter, mais elle sentit son regard sur elle et elle essayer de ne pas faire attention.

L'ascenseur s'arrêta au 20etage, il sortit le premier et elle lui suivait et ne peut s'empêcher de pense qu'il était extrêmement beau comme un dieu.

Elle s'attardait un peu avant de se dirigeait vert la secrétaire en voyant qu'il lui parlait et se rendit compte lui lui donna un bref regard avant de partir   ,

Elle se dirigea vers le bureau de las secrétaire,

Bonjour je suis Lili burgaffe je suis ici pour un entretien

bonjour mademoiselle burgaffe , suivez-moi monsieur panabee vous attend

Elle la suivait en tremblant, en entendant son nom c'était l'un de ces hommes

Elle ouvrit la porte il y'avait personne

La secrétaire lui dit alors

monsieur panabee , va vite revenir veuillez l'attendre je vous en prie

Hanna glissa à petit merci à la secrétaire, celle la lui répondit avec un sourire en fermant la porte derrière elle.

Elle commença a regarder derrière elle et a ce demander que ce qui va arriver et a quoi s'attendre, jusqu'à ce quelle entendit des pats marchant vers le bureau, elle sentit son cœur battre plus vite.

La porte s'ouvrit, elle se retourna et se figea sur place devant elle se tenait Steve Panabee est qui était personne que L'homme de l'ascenseur, il se tenait là avec un petit sourire aux lèvres et en tendant les mains,

Mademoiselle burgaffe , je suis Steve Panabee   ,

Il n'avait pas l'air d'être méchant ou cruelle mais elle ne pouvait s'empêcher qu'il était un des causes de la mort de sa mère, Quand elle toucha sa main pour la serer elle sentit la peur mais en même temps de la chaleur et la elle sue quelle aura un autre genre de problème à gérer.

2

« Est-ce que vous m'avez écouté ?

Mademoiselle burgaffe est ce que vous m'écouter

Ca fait 7mois quelle travailler dans l'entreprise «yogar trans » , elle essayer de le connaitre et de collecter des informations à propos de la relation qu'ils avaient avec sa mère et ce qui est arriver le jour de sa mort .

Elle ne faisait pas attention et le regardait avec des yeux pleins de colères et de haine et ce demanda

Pourquoi tu as tué ma mère ?

Qu'est-ce qu'elle avait contre toi ?

Mais plus important quelle était sa relation avec tout ça ?

« Mademoiselle burgaffe est ce que vous m'écouter ? »

Elle sursauta,

« Quoi ? ...... Je m'excuse monsieur ..... JE .... »

« Est-ce que vous allez bien lui demanda t_ill ? »

Il avait une voix pleines de gentillesse et ses yeux étaient pleins d'inquiétudes mais elle n'arrivait pas à le croire

Oui je vais bien monsieur je vous remercie. Voilà les dossiers que vous m'avez demandé d'apporter ce matin il vous les signes et vous avez une réunion cet après-midi à 15h avec le président takashi sawama de l'entreprise Katsura.

D'accord mademoiselle burgaffe je vous remercie vous pouvez partir

Au moment où Hanna allait ouvrir la porte il l'appela

Lili un instant je vous prie

Elle se figea sur place il ne la jamais appeler par son prénom au paravent et c'est ce qui l'intriguer Elle se tourna doucement comme si elle attendait qu'il lui tire dessus

Oui ?? Vous voulais autre chose monsieur penabee

Elle essaye de paraitre calme mais sa voix la trahissait

Est-ce que je peux vous appeler Lili ?

Vous l'avez déjà fait pensa telle ; mais elle s'abstenait de lui dire ce qu'elle pensait

Oui je vous en prie

Il lui sourit et se leva de son fauteuil et commença à marcher vers elle

Est-ce que vous allez bien ? Vous n'êtes pas malade j'espère ?

Ou vous avez des soucis qui vous tracassent ?

Si c'est le cas dites le moi je vais essayer de vous aider.

Oui en efait j'ai un soucie pourquoi vous avez tué ma mère ? Cette question la bruler et elle mourrait de le lui demander

Le moment où elle ouvrit la bouche pour lui répondre la porte s'ouvrit

« Steve mon chérie tu es la ? »

Hanna se tourna. C'était une femme d'un certain âge mais que la vie ne lui a pas enlevé belle avec es cheveux noirs fonces tires en chignon et des yeux d'un bleu qui vous rappelle la couleur du ciel le matin et un sourire rayonnant avec de belles dents blanche

« Maman quelle surprise que ce que tu fais ici », il prie la femme dans ces bras en l'embrassant.

C'était madame Catherine penabee elle est propriétaire d'un magnifique restaurant au centre de la ville et c'est un restaurant parmi d'autre quelle gère.

En le regardant ce n'était plus le PDG de l'entreprise que tout le monde craigne à chaque fois qu'il passait, mais un petit garçon qui était heureux de voir sa mère.

Elle la regarda avec fascination ; comme si ils venaient de réaliser sa présence, la femme se tourna vers et lui demanda avec un sourire

Ma chère vous êtes mademoiselle burgaffe je présume ?

Elle la regarda stupéfait comment elle la connaissait elle ne la jamais vue durant tout le temps quelle travailler comme secrétaire pour son fils

Comme si elle lisait dans son esprit la femme commença à rire

Tout le monde ici parle de la beauté et du charme de mademoiselle burgaffe la nouvelle assistante de mon fils ce qui est justement la vérité

Maman comment tu connais que j'ai une nouvelle assistante alors que jetait en voyage

Mon chéri je suis ta mère et je sais tout et je connais tout de tout le monde

En disant ca elle se tourna vers moi et me regardant droit aux yeux

J'avais peur pour la première fois qu'elle sache qui je suis réellement et le but de ma présence ici

Steve éclata de rire tu es bien ma mère en l'embrassant

La femme me regarder toujours

Ravie de te connaitre mon enfant je sis Catherine penabee en lui serrant la main

Tout le plaisir est pour moi madame je m'appelle Hanna ...je veux dire Lili burgaffe .

Ce prénom n'échappa ni au fils ni à la mère

Craignant le pire elle s'excusa et sorti du bureau ; une fois de hors elle tremble de tout son corps et pria que ni Steve ni Catherine n'a fait attention à ce prénom.

Pendant ce temps Steve parlait avec sa mère elle lui raconta son voyage a la Grèce

C'était magnifique et un pays de rêve et j'avais vraiment besoin de faire ce voyage.

Je suis content pour toi maman, tu es fatiguer pourquoi tes pas partis à la maison pour te repose

Elle fait un geste à la main

Non je ne suis pas fatiguer et en plus si je ne viens pas ici moi-même je ne sais pas quand j'aurais l'occasion

Elle luit souriait,

Je sais maman mais je suis déborder par le travail et il y a des problèmes a gérer

Quel problème chéri est ce que tout va bien

Oui ne t'inquiète pas c'est le travaille

Elle savait qu'il ne va dire et elle voyait bien dans c'est yeux qu'il lui cachait quelque chose depuis un certain temps.

Il regarda sa mère et comprend quelle ce fait des soucis pour lui alors il s'empressa de lui dire

Je vais venir ce soir pour diner avec toi maman

C'est vrai Steve ? Comme je suis heureuse ça fait très longtemps qu'on n'a pas diné tous les deux, pour cette occasion je vais te prépare ton plat préfère   .

Il voyait bien qu'elle était heureuse et ça lui manquer aussi.

« Oui ça me manque notre discussion maman ».

Il l'embrassa et l'accompagna à la porte.

Une fois seule il repensa encore une fois à ce prénom HANNA ou il la bien entendu auparavant et la peur qu'il avait lu dans le visage de Lili.

Et du fait qu'elle n'était pas la même un certain temps, son esprit était toujours halleur et le regardait d'une certaine manière comme si elle voulait le tuer ce qui était nouveau lui qui était habituer aux filles lui tomber aux pieds pensa t-ill avec arrogance.

Au même moment Hanna ne se tenait plus en place elle pensait toujours à ce qui c'est passait, elle devait a tout prix de savoir ce qui c'est passait et la relation avec sa mère.

Je devrais commencer par son bureau. se dit-elle

Le lendemain matin Hanna est venue a peu en avance pour essayer d'entre dans le bureau

Elle trembler de peur.

Je dois me dépêcher, elle commença a ouvrir un par un les tiroirs du bureau elle trouve des clés et les prix puis elle fuyait aussi le pc mai à son grand étonnement il n'était pas éteint, elle trouve des fichiers mais l'un deux portait le prénom de sa mère elle voulait l'ouvrir mais elle entend des voix dehors alors elle s'empressa de fermer le pc et tout remettre en place.

au moment où elle ouvre la porte elle se retrouva face à Steve, il la regarda avec un air féroce

Vous faites quoi dans mon bureau ?

Je … je suis venue chercher un dossier mais je ne les pas trouver

Un dossier ??? Quel dossier mademoiselle ??

Le dossier du projet chinois il y a quelque changement à faire.

Elle mentait et il le savait mais il ne dit pas un à le lui dire

Ah, non je ne l'est pas trouver, je m'excuse je dois y aller.

Il savait qu'elle a pris quelque chose il ouvrit le tiroir est ne trouve plus les clés.

Hanna regagna vite son bureau et cacha les clés dans son sac en se demandant quelle porte ou plutôt quelle secret elles ferment.

Steve s'asseyait sur son fauteuil et ouvrit un tiroir et sortit un fichier qui portait le prénom de Hannabelle ,il savait exactement qui elle mais elle n'avait aucune idée que pendant tout ce temps Steve porte des recherche sur elle .

Pendant toute une semaine elle essaye de trouver une chance pour entre dans son bureau quand il sort mais elle sentit comme s'il commence à douter telle.

Elle était en pleine penser quand le téléphone sonna.

Mademoiselle burgaffe venez à mon bureau.

Oui monsieur benabee

Son sixième sens lui dit que quelque chose cloche. Alors elle décida de jouer le jeu jusqu'au bout pour sa mère.

Entre

Vous voulez me voir monsieur penabee

Oui veuillez-vous assoir

Il a toisa de ces yeux et ne pas un mot

Hannabelle décida de briser la glace

Est-ce que il y a un problème dans le contrat monsieur ??

Apres un long silence il se leva et se dirigea vers la porte et la ferma a clés puis téléphona a sa secrétaire qu'il ne reçoit personne.

Il revient à elle et il lui répondit.

Qui êtes-vous exactement ??

Hannabelle sentit son cœur s'arrêter et elle l'avait une seule penser

Il sait qui je suis

Je ..... Je ne comprends pas monsieur. Je m'appelle Lili burgaffe ça fait 7mois que je travaille pour vous,

Il eut un rire qui ressembler a un ricanement

Il se leva et commença à marcher jusqu'à elle

Je veux dire quelle est votre vrai prénom, écouter je vous donne une chance de me dire la vérité c'est pour vous que je le fait

Elle trembler de tout son corps elle avait peur et elle ne savait pas quoi faire mais elle essaya de rester calme.

Elle ouvrit la bouche pour répondre mais elle préfère ne rien dire elle se leva pour sortir.

Mais au moment où elle pose sa main sur la poigner de la porte, il l'appela

Un instant Hannabelle, c'est bien votre prénom

Elle se retourna doucement et lui fait face.

Comment vous m'avez appelé ??

Hannabelle, je sais exactement qui vous êtes, maintenant asseyez-vous et dite moi la vérité.

Ça fait un moment maintenant que vous mentez et je n'aime pas les mensonges.

Elle n'avait nulle part ou allez et il sait qui elle ait.

Alors elle s'asseye et elle lui dit une phrase :

« Vous avez connu ma mère et vous l'avez tué vous êtes un meurtrier et je ne vais jamais vous pardonner. »

3

« Mais de quoi vous parlez ? »

« Je parle à propos de ma mère que vous étiez la cause ou plutôt le meurtrier de ma mère elle vous a aidez quand vous aviez besoin d'aide et en plus elle était juste un médecin elle n'avait rien à voir avec votre mode de vie ...... »

« Attendez un instant je ne comprends pas ..... »

« Je sais que c'est vous vous et vos hommes que vous l'avez pris de moi et que cette entreprise est juste une couverture pour toi .... »

Il posa tout à coup sa main sur ma bouche et me signe de me taire et vers la porte qu'ils nous écoutent

« Tout d'abord tu vas te calmer et me dire ces qui ta mère ?et c'est quoi le rapport entre ta mère et le faite de m'avoir menti à propos de ton prénom ? »

Tes qui ???

Alors c'était la goutte d'eau qui a fait déborder le vase et Hanna s'éclata en sanglots, il a regarda et attendez quelle se calme pour lui parler

Alors doucement Hanna commença à raconter

« Je m'appelle Hannebelle démos ma mère s'appeler Gabrielle démos elle est un médecin dans la clinique qui est au centre-ville, tu étais là-bas ce jour-là avec d'autre de vos hommes elle essayait de sauver l'un de vous mais vous l'avez tué. »

Il a regarda raconte et se rappeler parfaitement de cette nuit et de sa mère mais il ne la pas tuer, mais comment lui expliquer que tout ce merdier dans il s'est fourrer et qu'ils sont juste des victimes dans toute cette merde.

Hanna écoute moi je suis profondément désolé pour ta mère je me rappelle delle et de cette nuit mais je n'ai rien à voir avec sa mort, si tu es venu ici pour avoir des réponses alors je m'excuse je ne peux pas t'aider , ce n'était de ma faute et cette affaire c'est plus fort que nous. Et si jetait a ta place que je chercherais pas plus profondément parfois il vaut mieux laisser les choses tels qu'ils sont pour ton bien .

Pour mon bien ?? Ou pour toi ?? Ta peur que si je cherchais je trouverais les réponses que je cherchais pour mes questions et le faite que tu as tué ma mère.

Je te les déjà dit oui jetais a la clinique cette nuit, je connaissais ta mère mais je ne rien a voir avec la mort de ta mère, et si jetait toi je ne chercherais pas plus loin, je suis sur ta mère n'aurais jamais aimer te voir plonger dans ce monde

Tu étais là-bas cette nuit j'ai vu les caméras de surveillance je tes vue elle te connaissait, cet quoi ça relation avec toi ??

Steve la regarda et il était prêt à lui répondre mais il se résigna il regarda vers la porte ;

Ce n'est pas le bon moment ni la meilleure place pour parler de tout ça....

Quelqu'un frappais a la porte avant que Steve ne puisse finir sa phrase, il fait signe a Hanna de se taire et d'essuyais ses larmes, il la prit par le bras et la fait entres dans un placard et lui fait signe d'attendre et de ne pas se montre avant qu'il le lui dise ; elle le regarda mais étrangement elle sentit qu'il la protégeait, sans protestait elle le laisse faire.

Steve ouvrit la porte elle entendit une voix d'homme qu'elle connaissait parfaitement c'était l'un des hommes.

Bordel de merde pourquoi tu fermes la porte derrière toi, tu as quelqu'un avec toi.

C'était une voix qui vous glace le sang, l'homme entra en balayant le bureau du regard.

Arnold pourquoi tes encore furieux ??

Tu faisais quoi ça ta pris un temps pour m'ouvrir la porte.

Je consultais des fichiers et je regardais les caméras de surveillance de cette nuit

Arnold était sans pitié et l'homme au sale boulot le genre de boulot ou tu ne veux pas te salir les mains il les fait.

Tu as toujours des remords à cause de cette femme qui est morte ? dit-il avec un accent de moquerie

Steve le regarde avec un air grave,

C'était un médecin et elle n'a rien fait.

Oui ta raison c'était une victime dans la guerre il ya toujours des erreurs et cette femme est l'un de ces erreurs.

Steve le regarda avec mépris

Pourquoi tu es ici ton travail n'est pas avec moi.

Apres un bref silence Arnold répondit :

Je n'aime pas que les gens me bluffe ou est mon argent ??

Quel argent ?? Ton travail est avec mon père et je rappelle parfaitement qu'il ta payer, ton travail est fini.

Arnold rit d'un rire méchant

Cet argent était la moitié du travail, et je n'aime pas laisser derrière moi des témoins.

Steve savait maintenant ou il veut en venir, pendant se temps Hanna retenais son souffle et écouter avec effroi.

Steve lui demanda avec calme

Quels témoins ?? Les gens de la clinique ne peuvent rien dire ils ont trop peur pour dire quelque chose et de toute façon la police a fait sont enquête et elle conque lut que c'était un accident et en a payer L'homme il supportera tout dans la prison a l'échange que sa famille soit très bien, ou tu veux tuer chaque personne qui ta vue pour protéger tes fesses ?

Arnold éclata de rire :

«Je suis prêt à tuer toute la clinique et toute personne qui sera sur mon chemin, même si cette personne est toi. »

Steve Savait qu'il ne mâchait pas ces mots. Alors il posa la question dont il a peur d'entendre la réponse
« Est-ce que c'est une menace et de qui tu veux parler
Non bien sûr que non je te menace pas c'est juste un rappelle, et cette femme qui est morte ce médecin elle a une fille est mes hommes mont dit quelle fouille dans la clinique et elle mène sa propre enquête ce peut nous causer des ennuis dont je n'ai pas besoin. »

Hanna sentait son cœur s'arrêtait et quelle est sur le point de s'évanouir.

Steve demanda

« Tu veux faire quoi maintenant et de toute façon dit le a mon père c'est lui qui te paye moi je ne travaille pas avec toi. »

« Rassure toi mon argent je l'aurais et cette fille elle travaille ici du prénom Hanna démos tu la connais. »

« Non il y'a aucune personne de ce prénom. »

Arnold le regarda et il savait qu'il cachait quelque chose.

D'accord je la trouverais à la fin je les trouve tous à la fin et elle regrettera d'avoir fourré son nez dans cette affaire.

Il sort du bureau en claquant la porte derrière lui .Steve tourne la porte à clés.

Et se dirige vers le placard et fait sortir la fille qui tremble de tout son cœur et qui pleure.

« Qui est cet homme ? »

«C'est lui .... »

Steve lui dit de ce taire.

Ne dit pas un mot, pas ici, ils sont partout et ils te cherchent maintenant.

Steve et Hanna sont assis dans un café qui se situe en dehors de la ville dans un coin perdu et que personne ne connais c'était en quelque sorte sont coin de refuge loin de tout le monde.

« Dit moi la vérité je t'en supplie. »

« je sais Il y a 3ans, j'ai été suivis par des gens qui voulaient me tuer j'ai eu un accident et ta mère qui me soigner quand j'ai perdue espoir en tout à la vie au gens et elle était la c'est elle qui m'a pas laisser .cette nuit-là elle était là c'est moi qui lui a demandé de l'aide mon ami a été blesser et c'est elle en qui j'avais confiance , mais c'est gens sous ont suivis et une fusillades est éclater en sein de la clinique ta mère a essayer de soigner mon ami mais il a succombe à ces blessures , je n'ai eu pas le temps de la sauver mais je lui est promis de te protéger et je le ferais quand je tes vue dans lentérment je n'ai pas pu venir te parler j'ai que tu cherchais des explications je sais que ta demander à la police une autre enquête et que ta demander de l'aide de l'ami de ta mère , quand je tes vue à la société pour le poste d'assistante je savais que tu ne vas jamais baisser les bras avant de connaitre la vérité. »

« Tu savais qui j'étais et pourquoi je suis venue à ta société ?? »

« Bien sûr je te connaissais avant et je sais que ta changer de prénom pour une seule raison te venger des gens qui ont tué ta mère. » Lui dit en souriant

« Et tu n'as rien fait pour m'en empêcher, et tu m'a même embaucher a ta société. »

« Oui j'ai promis à ta mère, Hanna je ne peux te dire plus que ça et ne cherche pas plus loin pour ton bien. »

Hanna le regarda les yeux pleines de larmes mais ne dit pas un mot et Steve comprend parfaitement ce qu'elle ressent, il lui laisse un peu de temps pour digérer toute cette situation .Merci de m'avoir dit la vérité. J'ai une autre question qui était cet homme avec qui mon père travail qui est venu dans ton bureau qui s'appelait Arnold ....

« Ni pense même pas reste loin de lui et ne t'approche a aucun cas de lui c'est un homme dangereux sans pitié il n'a rien à perdre. »

Steve hurlait presque il n'est plus l'homme avec qui elle travail qui est toujours calme

« Je .... »

« Hanna ne t'approche pas de cet homme il te connait il sait que tu cherches dans cet affaire. Et il y a aussi mon père qu'il ne vaut pas bien que lui. »

Apres un bref silence,

« Je vais t'aider mais tu feras exactement ce que je te dis. »

« Pourquoi tu fais ça ? »

« Je fais quoi ?t'aider ??? »

« Je le fais pour ta maman je le lui dois pour tout ce qu'elle a fait pour moi. »

Hanna le regarda elle était prête a parlé mais ne dis rien.

« Merci Steve mais en commence par quoi. »

« La maison de mon père il faut attendre le bon moment pour entre et cherche dans son bureau, j'ai voulue entre mais je n'ai pas eu le temps. »

« Mais comment en va faire ? Le bureau et la maison elles sont certainement sécuriser et il y a forcément des gardes partout. »

« Je sais j'ai pensé à tous la maison ça sera simple puisque je suis son fils et le bureau j'ai déjà fais une copie des clés que tu as pris la dernière fois. »

« Tu le savais ?? »

Steve lui sourit :

« Bien sûr je le savais, je te lest dis je sais tout. Tu la toujours sur toi ?? »

« Oui dans mon appartement ».

« Bien je te dirais quand on partir, mais en doit faire un plan. »

Ils se regardèrent et Hanna pensa pour la première fois que sa mère lui as envoyé un ange pour la protéger quelle n'était pas toute seule, il y a quelqu'un pour l'aider et pour la protéger.

4

Hanna et Steve étaient dans la voiture devant la grande maison du père de Steve attendant le bon moment pour entraient.

Ça fait un mois qu'ils préparent leur coup est c'était aujourd'hui qu'ils font passer à l'action, Hanna était anxieuse.

- Est-ce que tu vas bien ?

- Oui je vais très bien, c'est juste que....

Steve savait ce qu'elle ressentait, il posa sa main sur la tienne et malgré elle la chaleur de sa main lui redonna confiance et espoir, elle était reconnaissante d'être là. Durant toute cette période il ne la pas laisser ils ont fait des recherches sur son père et deuxième travail que son père menait avec cet homme nommait Arnold juste le fait de prononcé son nom ça vous glace le sang, mais ils n'ont pas des preuves sur ce qu'ils ont trouvaient. C'est pour cette raison qu'ils vont passer à l'action et de venir chercher dans la maison de son père.

Ils ont observé la maison pendant un mois et la sécurité excessive qui la garder comme s'il y'avait un dragon à empêcher de sortir, combien il y'avaient dans chaque coin de la maison et combien de fois les gardes changes à l'intérieur comme à l'extérieur, pour les caméras de sécurités un des employé de la maison qui est une personne de confiance que Steve a aidé jadis va nous aider.

-Tout va bien ne t'inquiète pas je suis là et je ne te laisserais pas mon père n'est pas à la maison en va entrer en va chercher au bureau s'il y a une évidence qui prouvent la relation entre mon père et Arnold, le moindre détail pourra nous aider, pendant ce temps le gars va éteindre les caméras de sécurité pendant que nous sommes a l'intérieur de la maison, tu vas faire exactement ce qu'on a dit de faire et tout ce passera très bien.

-Et si ton père savait que nous avons cherchaient dans son bureau ??

Steve sourit

-Je ne l'espère pas, mais si ça arrivait alors on saura dans de beaux draps.

Ils se regardèrent et eurent la même penser, il faut faire vite et être prudent par-ce-que le jeu en vaut la peine.

Alors ils marchèrent vers la maison, il avait une haute protection de sécurité .Steve sauna a la porte un homme d'un certain âge leur ouvrit la porte et leur montra le chemin jusqu'à le salon.

Ils leur apportèrent des rafraichissements, alors Steve dit au majordome ;

-Ont pourra allez au bureau je voudrais montre a mon amie mes ouvrages prefere ?

-Bien sur monsieur steve allez y je vous aporterrais des rafraichissement et des biscuits , vous avez besoin dautre chose ?

-Merci cela suffit .steve lui sourit .

Puis se tourna vers hanna

Allez viens ma chere je vais te montre quelques livres que jai toujours aimer consulter et qui mont fort aider .

Hanna le suivait en silence

LE JEUX DU DESTIN **Mis en forme :** Gauche**Mis en forme :** Largeur : 29,7 cm,Hauteur : 21 cm

1

Annabelle mais que tout le monde appelle Hanna 23ans, elle vient de terminer ses études et chercher du travail qui plutôt m'était du temps à ce présenté a elle mais elle ne perdit pas espoir

Elle était une simple fille avec une magnifique chevelure noire

De beaux yeux verts comme un jardin exotique malgré son jeune âge elle avait

La grâce d'un étalon noir arabe de son pure,

Et malgré sa beauté simple elle ne se trouver pas particulièrement belle mais dans les yeux de son ami fidèle chtroupie elle était unique.

Son petit chien qui la suit partout comme son ombre.

Chtroupi était un cadeau de ses parents pour 3 anniversaire et c'était le plus beau cadeau quelle reçue au moins il n'a jamais change ni ai.

Elle était dans son appartement qu'elle appelait un placard tant il était petit quand quelque un sonna a la porte

Elle n'a aucune envie de parler ni voir quelqu'un mais à contre coeur elle alla ouvrir la porte

- tu as mis du temps ?

C'était Gabrielle sa mère un docteur qui se tenait à la porte en souriant

-Maman chérie en souriant

- Tu me manque aussi puisque tu ne veux pas me rendre visite alors c'est moi qui est venue en la serrant dans ces bras

-Mais non maman c'est juste que jetait occuper avec la recherche du travail c'est tout et le loyer

-Alors comment tu vas ?

-Tu va bien ?

-Tu manges bien ?

-Je te trouve un peu maigri ?

Hanna éclata de rire

-Maman je vais très bien je ne suis plus une enfant,

Et oui je mange très bien j'ai pris 2kilos que je dois vraiment perdre avant de devenir une vrai petite vache

Sa mère la regarda avec un air abasourdi

-Ma puce tu ne vas devenir une petite vache juste en prenant 2kilos et même si tu devenais une tu vas être une merveilleuse vache

Les deux s'éclatèrent de rire

Hanna regarda sa mère et ne pouvait pas s'empêcher de ce dire que malgré son âge et les rides qui marque son front et ses yeux mais elle était toujours splendide et belle comme elle la toujours était à son jeune âge,

Alors elle prit une voix jouissante et dit

-Puisque tu es la pourquoi ne pas passer la journée ensemble

Sa mère lui répondit

- Je ne demande que ça mon coeur, tu penses a quoi ?

-Et si en allait au cinéma et après en peux soit prendre un café soit faire les magasins

-Bien ça marche excellente idée

C'était 6h du soir Hanna et sa mère sont dans un café après avoir vue un film rigolo au cinéma elles ont allaient dans un café

Elles rigolaient et évoquaient tous les souvenirs qu'elles ont dans ce café

Mais cette joie était d'une courte durer le téléphone de sa mère vient de sonner

C'était l'hôpital

Alors d'un air triste sa mère lui dit en lui montrant le téléphone

le travail appelle

Hanna sourit

-Je comprends au moins en a passer un moment ensemble que j'ai adore avec un sourire

Sa mère lui rendit son sourire

-oui ta raison j'ai aimé cette journée aussi ma chérie je suis heureuse que tu vas s bien et prend bien soin de toi en l'ombrassent avant de monter à sa voiture

Hanna regarda sa mère partir mais sans savoir pourquoi son coeur se sera tout à coup elle sentait comme si ça va être la dernière fois mais elle chassa cette pense et pris le chemin de son appartement.

Une fois à la maison elle trouva son petit chtroupi elle le prit dans ces bras en le serrant,

Elle était tellement fatiguer quelle pris une douche pour se mettre au lit, au moment où elle allait dormir elle prend son téléphone trouva un message de sa mère lui

Hanna je t'aime ma chérie plus que tout dans ce monde et ne baisse pas les bras tu vas trouver un travail qui tu aimeras et je mis un peu d'argent dans ton sac juste pour t'aider un peu

Hanna regarda le message avec stupéfaite elle prit son sac et trouva la somme d'argent.

Hanna ne croyait pas ses yeux

Alors elle prit le téléphone et essaya d'appelait sa mère mais elle tomba sur son répondeur.

Peut-être qu'elle a commencé son travail alors lui envoya un message

Maman chérie merci beaucoup j'en avais vraiment besoin et moi et je t'aime de tout mon coeur je t'appellerais demain.

C'était 3h du matin quand son téléphone sonna un numéro quelle ne connait pas

-Allo

-Vous êtes mademoiselle Hanna ?

-Oui vous êtes qui ?

-Vous connaissait madame Gabrielle démos ?

La façon dans cette voix lui posa la question elle sentit son coeur se resserrait et commençait à battre très vite

-Oui c'est ma mère, est ce qu'elle va bien ?

Je suis le détective Wilber je suis vraiment désolé votre mère et morte

Hannebelle sentit ses jambes la trahirent et ne la porter plus, elle s'effondra sur le lit en répétant :

-Quoi ..... M... MORTE comment ça morte je viens de la voir aujourd'hui elle vient de m'envoyer un message

Mademoiselle Vous devez venir au commissariat.

Apres tout c'est passer très vite elle était au commissariat ou le détective Weyburn lui expliqua tout ce qui c'est passer sachant qu'elle n'écouter aucun mot

Mademoiselle vous allez bien et ce que j'appelle quelqu'un de votre famille c'était le détective Wilber qui la regarda

Il n'y a personne mon père est mort avant que je ne naisse et je ne connais personne Je peux .... je veux la voir je veux voir ma mère

Hanna avait le regard vide suivait le détective Wilber c'était un homme de taille grande mais mince avec une barbe, il a un gros nez, un gros front, de gros yeux de couleur marron. Il offre au premier aspect qu'il peut détecter les profonds secrets sont qu'il

ne te pose même pas une question, avec des dents jaunes à cause de la cigarette, il était présentable mais il dégager l'odeur de la naphtaline de ces habits. En arrivant à la morgue elle était comme une morte et ne croyait pas que ma mère n'était plus là.

C'était une salle froide avec plein de tiroir il, il y avait un vieux médecin légiste il la regarde puis ouvris un ces tiroir alors elle était les yeux ferme et dorme a tout jamais et la elle c'était effondre en prenant sa mère elle pleurait et voyer dans sa tête le sourire de sa mère et entendit son rire maman revient, pourquoi tes partis ? Elle ne pouvait plus Hannabelle criait et pleurait « dans ma vie , j'ai appris à aimer , a sourire , a être heureux , être fort , à travailler dur , être le meilleur pour moi , être fidèle , mais je ne pourrais jamais apprendre à t'oublier et vivre sans toi a tout jamais maman .

Hanna pleurait les larmes de son coeur maman ma petite maman je t'aime

Les deux hommes la regardèrent avec tristesse

,

C'était 10h du matin, quand elle rentra a la maison comme un zombie les yeux toute rouges et là le coeur brise et chagriner à cause de la perte de sa mère, elle ne revenue pas encore qu'elle ne la reverra plus jamais quelle n'entendra plus sa voix ni son rire.

Matin à 8h Hannebelle vient de se réveiller, c'était une journée pluvieuse et pourri comme toutes les journées pendant un mois, et oui ça fait un mois que sa mère est parti. En même temps elle se rappela de ce que le détective lui a dit le jour de la mort de sa mère « votre mère madame Gabrielle Démonte était avec un patient jusqu'à que des coups de feux sont retenti dans toute l'hôpital entre deux hommes sauver un petit garçon qui pleurait et qui au même moment sortait de la chambre pour appeler son père et par accident un des coups a atteint votre mère qui a essayer de le sauver , elle a resté là dans son sang il y'avait personne pour la secourir . juste une personne peut être l'un de ses hommes ou juste un visiteurs à essayer de la secourir l'un des infermières qui a était là avec ta mère a dit il l'avait porter à l'intérieur d'une chambre et lui a demander de la sauver en même temps l'ami de votre mère a vu un pistolet à l'un trieur de sa veste et l'a mentionné aussi qu'il était blesser au bras alors peut-être il était avec eux et il est parti vers ces hommes quand il l'ont vue ils ont arrêté puis au même moment que la police est arrivé ils ont disparues . »

Elle a reste la a le regarder et a imaginé la peur de sa mère et se demandant pourquoi elle a sorti de la chambre, mais en connaissant sa mère elle savait que cette dernière ne laisse jamais et n'abandonne personne quand il a besoin d'aide.

Tan de question dans la tête d'Hannabelle qui demanda au détective « je ne comprends pas pourquoi ils étaient dans l'hôpital ? Et ce que il y'avait quelqu'un de leur famille et de leur amis dans l'hôpital qui visitaient ? Est-ce que vous avez leurs images ? Leurs informations ? Et qui était cette personne qui a aidé maman ? Et de toute façon il est l'un deux alors c'est sa faute que ma mère soit pari, »

Il y'avait de la rage dans sa voix et elle était en colère elle se leva de son siège et commença à crier et en pleurant.

Le détective la regarda « mademoiselle je vous comprends je comprends votre peine, mais ça ne servira à rien de s'énerver en va les trouver. »

Voilà la seule chose qu'il lui dit « en va les trouver »

Le jour de l'enterrement elle était seule toute seule personne pour la réconforter ni famille pour l'aider, elle se rappela avoir dans les mains le Glaïeul la fleur de la force et la fierté que sa maman aimer tant et qui la symbolise tell quelle était.

Elle se baissa sur le cercueil et posa les fleurs et disant « maman je t'aime de tout mon coeur. »

En ce remémorent cette journée ils avait des larmes qui mouiller son visage elle regarda la photo de sa mère la porta a son coeur l'embrassa puis elle se dit quelle doit se lever même si elle n'a qu'une envie c'est rester à la maison dans son lit et ne voir personne , elle ne voulait pas être la forte Hanna elle ne pouvait pas mais elle se rappela de ce que sa mère lui a dit la première fois quand elle a décidé d'acheter a appartement et de vivre toute seule .

« Hannabelle ma chérie rappelle-toi de ces mots quand tu te sentira abattue et fatiguer sur le point de tout abandonner , « 'tout ce que la mer a offrir ce sont ses grosses bourrasques , et de temps en temps une sensation de puissance . Il est vrai que, je ne connais pas grand-chose à la mer mais ici en tout cas c'est comme ça. Et je sais aussi que la vie, le plus important ce n'est pas nécessairement d'être fort mais de se sentir fort et de se mettre à l'effort au moins une fois dans la condition humaine la plus archaïque. Affronter seul la nature aveugle et sourde sans rien pour vous aider ; si ce n'est tes mains, ta tête et ton coeur écoute le parfois il a raison ..... »

C'était ces mots étranges mont parue soit tills ce jour-là mais aujourd'hui j'en ai besoin ; j'ai besoin de les entendre.

La première chose à faire c'est quelle doit prendre une douche elle en a besoin ça va l'aider à avoir les idées plus claire.

11h, Hanna téléphona a l'ami de sa mère Albert Jackson.

Sa mère et lui était des vieux amis et ils ont travaillé ensemble depuis 10ans, elle le connaissait depuis qu'elle avait 6ans et sa mère lui faisait confiance.

Sa mère le lui a donné un jour son numéro en lui disant que si elle ne pouvait pas la joindre elle doit appeler se numéro. Et maintenant elle en a besoin,

Elle prend le téléphone et composa le numéro et attendit, puis

- Allo

C'était une voix grave mais chaleureuse,

- Oncle Albert, c'est moi Hanna .

Un silence à l'autre bout du fil puis avec un petit cri,

Hanna ma chérie c'est toi, tu vas bien oh que je suis désolé pour ta mère, allo Hanna tu es toujours là :

- Allo ......allo Hanna tout va bien

Hanna pleurait et avait du mal à parler à chaque fois quelle penser à sa mère puis avec effort

-Allo oui je vais bien oncle Albert

- Oh ma fille tu es la j'ai eu peur, ma chérie je suis désolé de ne pas avoir été dans les obsèques de ta maman, j'avais toute une d'opération et je ne pouvais ne pas y aller ne m'en veux pas ma chérie

- Oh non oncle Albert je comprends parfaitement, mais si je t'appelle maintenant c'est que j'ai besoin de te demande une chose j'ai besoin de ton aide.

- Mon aide ? Mais oui que ce qu'il y a que ce qu'il t'arrive tout ce que tu veux

C'était un dimanche calme et le premier jour ensoleiller depuis un mois,

Elle était dans le café qui était juste à quelque pas de l'hôpital, et attendit avec impuissance l'arrivée du docteur Albert après lavoir appeler la veille en lui disant qu'il devait la voir au plus vite, au son de sa voix elle savait qu'il a trouvé quelque chose.

La porte s'ouvrit et un homme qui regarder dans tous les directions jusqu'à ce qu'il trouve ce qu'il chercher , Elle leva la tête un homme de taille petite mais gros , des yeux vert comme des émeraudes, ça fait des années quelle ne la pas vue et il est déjà presque chauve il la regarda en souriant mais ces yeux était pleine de tristesse .

- Hanna ma chérie

Il souriait, ce sourire qu'elle connaissait même cette voix grave mais chaleureuse.

- Oncle Albert

Ma chérie, il prend une chaise et s'assoit devant elle,

-comme tu as grandi, la dernière fois que je tes vue tétait pas plus grande qu'une table, tu avais 5 ou 6 ans ??

6ans, oncle Albert, lui répondant en lui rendant son sourire.

Apres avoir un bref silence il sortit de son manteau des documents et le tendit a Hanna,

Hanna ma chérie voilà ce que tu me demander tout ce que j'ai trouvé à leurs sujets,

Elle tendit sa main et pris les documents et sortis il avait des photos des 3 hommes et des informations qui les concernés.

Tu vas faire quoi maintenant avec ces document tu vas les apporter à la police ?

Hanna resta silencieuse, puis il comprend

Ma chérie ne fait pas ça ils sont dangereux je t'en supplie

Si ils se rendent compte ont est morts tous les deux,

Oncle Albert ne t'inquiète pas je ferais attention, mais maman n'a rien fait et il en tuer elle n'avait aucune relation avec eux ils me l'en pris

Ma chérie c'était un accident

Oui oncle Albert la police a beau dire que c'était un accident mais je ne crois rien

Albert voulu la convaincre mais quand il regarda ses yeux il voyer du chagrin et de la douleur d'un être chère et cette douleur qui la laisse se jeter dans la gueule du loup et quoi qu'il dit-elle appris sa décision.

Il prit sa main,

Ma chérie je comprends ta douleur fait ce que tu as à faire mais au moins laisse le détective t'aider tu ne vas pas arriver toute seule contre eux.

Non oncle Albert je ne vais rien dire à personne, si ils me tuent alors peut être que je ne serais plus toute seule et que je retrouverais ma maman, et si j'y arrive alors la justice est faite et je vengerais ma maman quoi la fin est quoi que le chemin est terrible et dangereux, je marcherais sur ce chemin, oncle Albert merci de m'avoir aidé je ne dirais pas ton nom a personne n'aie pas peur mais ne t'inquiète pour moi je suis la fille de maman.

Elle lui sourit pour le rassure même si elle veut le niait et prétendre le contraire devant le docteure Albert mais elle avait terriblement peur malgré sa voix est décider ces mains trembler et il le savait et le sentit car lui-même

Il avait non seulement peur pour elle mais il avait peur pour sa vie et la vie de sa famille , Mais il ne dis rien il la regarda en silence .

Son téléphone sonna c'était son travaillé il y avait une urgence alors il devait partir,

Avant de partir il demanda de faire encore une fois attention, en le regardant partir elle se rappela de sa maman ce jour-là ou elles se sont rencontré.

Une fois à la maison elle prend les documents et commença a fouillait tout ce dont elle avait besoin pour se venger sa mère.

C'était 8h du matin, et depuis 6mois quelle prépare son plan et aujourd'hui elle va commencer son exécution.

Elle a un entretien dans l'entreprise ou les 3hommes travaillent, bien sûr elle changea son nom tout delle pour ne laisser aucune ressemblance entre elle et sa mère même si elle doute que quelqu'un la reconnaissent, elle avait un peu peur mais décider et se tourna vers la photo de sa mère et dit

Ma petite maman donne-moi du courage aujourd'hui, elle embrassa la photo et parti,

Devant le grand bâtiment ou elle lit PANABEE ENTREPRISE, c'était ici ou travaillent les 3hommes. Elle prend une grande respiration en entra dans le Grant hall c'était très grand et resplendissants, mais avant même de s'attarder a l'architecture la réceptionniste la voie et se leva alors Hanna se dirigea vers elle.

La réceptionniste l'accueille avec un sourire

« Bonjour, je peux vous aider mademoiselle ? »

« Bonjour, oui je suis ici pour mon entretien »

« D'accord mademoiselle votre nom s'il vous plait »

Lili burgaffe

« Oui effectivement mademoiselle burgaffe vous avez un entretien à 8h,

Mademoiselle c'est 20 ième étage, il y a une secrétaire elle vous montera le chemin »

« D'accord Merci au revoir »

« Au revoir mademoiselle »

Hannabelle se dirigea vers l'ascenseur elle appuie sur le bouton elle était absorbée par ses pensée et n'a pas fait attention au arrêt de l'ascenseur , quand elle se rendit compte la porte s'ouvrit et là son coeur commença a battre très fort comme un oiseau qui veux s'enfuir de sa cage devant elle se trouva l'un des hommes et qui de toute façon devra être celui qui va lui passer son entretien , c'était un homme grand de large épaule , des yeux noirs comme au fond d'un labyrinthe un sourire au lèvre elle était tellement sur l'emprise de son charme quelle n'a pas entendu ce qui l vient de lui dire

Mademoiselle vous allez monter ou descendre ?

Descendre ..... Non c'est mon étage je dois sortir elle était sur le point de sortir quand elle fait attention quelle n'était qua 10 ieme étage.

Je m'excuse monsieur non je vais monter jusqu'à 20 étage

Avec un sourire à la lèvre il appuie sur le bouton 20,

Elle se maudit pour sa maladresse et elle avait le visage tout rouge et la chaleur qu'il lui monter, mais elle sentit son regard sur elle et elle essayer de ne pas faire attention.

L'ascenseur s'arrêta au 20etage, il sortit le premier et elle lui suivait et ne peut s'empêcher de pense qu'il était extrêmement beau comme un dieu.

Elle s'attardait un peu avant de se dirigeait vert la secrétaire en voyant qu'il lui parlait et se rendit compte lui lui donna un bref regard avant de partir ,

Elle se dirigea vers le bureau de las secrétaire,

Bonjour je suis Lili burgaffe je suis ici pour un entretien

bonjour mademoiselle burgaffe , suivez-moi monsieur panabee vous attend

Elle la suivait en tremblant, en entendant son nom c'était l'un de ces hommes

Elle ouvrit la porte il y'avait personne

La secrétaire lui dit alors

monsieur panabee , va vite revenir veuillez l'attendre je vous en prie

Hanna glissa à petit merci à la secrétaire, celle la lui répondit avec un sourire en fermant la porte derrière elle.

Elle commença a regarder derrière elle et a ce demander que ce qui va arriver et a quoi s'attendre, jusqu'à ce quelle entendit des pats marchant vers le bureau, elle sentit son coeur battre plus vite.

La porte s'ouvrit, elle se retourna et se figea sur place devant elle se tenait Steve Panabee est qui était personne que L'homme de l'ascenseur, il se tenait là avec un petit sourire aux lèvres et en tendant les mains,

Mademoiselle burgaffe , je suis Steve Panabee ,

Il n'avait pas l'air d'être méchant ou cruelle mais elle ne pouvait s'empêcher qu'il était un des causes de la mort de sa mère, Quand elle toucha sa main pour la serer elle sentit la peur mais en même temps de la chaleur et la-elle sue quelle aura un autre genre de problème à gérer.

2

« Est-ce que vous m'avez écouté ?

Mademoiselle burgaffe est ce que vous m'écouter

Ca fait 7mois quelle travailler dans l'entreprise «yogar trans » , elle essayer de le connaitre et de collecter des informations à propos de la relation qu'ils avaient avec sa mère et ce qui est arriver le jour de sa mort .

Elle ne faisait pas attention et le regardait avec des yeux pleins de colères et de haine et ce demanda

Pourquoi tu as tué ma mère ?

Qu'est-ce qu'elle avait contre toi ?

Mais plus important quelle était sa relation avec tout ça ?

« Mademoiselle burgaffe est ce que vous m'écouter ? »

Elle sursauta,

« Quoi ? ...... Je m'excuse monsieur ..... JE .... »

« Est-ce que vous allez bien lui demanda t_ill ? »

Il avait une voix pleines de gentillesse et ses yeux étaient pleins d'inquiétudes mais elle n'arrivait pas à le croire

Oui je vais bien monsieur je vous remercie. Voilà les dossiers que vous m'avez demandé d'apporter ce matin il vous les signes et vous avez une réunion cet après-midi à 15h avec le président takashi sawama de l'entreprise Katsura.

D'accord mademoiselle burgaffe je vous remercie vous pouvez partir

Au moment où Hanna allait ouvrir la porte il l'appela

Lili un instant je vous prie

Elle se figea sur place il ne la jamais appeler par son prénom au paravent et c'est ce qui l'intriguer Elle se tourna doucement comme si elle attendait qu'il lui tire dessus

Oui ?? Vous voulais autre chose monsieur penabee

Elle essaye de paraitre calme mais sa voix la trahissait

Est-ce que je peux vous appeler Lili ?

Vous l'avez déjà fait pensa telle ; mais elle s'abstenait de lui dire ce qu'elle pensait

Oui je vous en prie

Il lui sourit et se leva de son fauteuil et commença à marcher vers elle

Est-ce que vous allez bien ? Vous n'êtes pas malade j'espère ?

Ou vous avez des soucis qui vous tracassent ?

Si c'est le cas dites le moi je vais essayer de vous aider.

Oui en éfait j'ai un soucie pourquoi vous avez tué ma mère ? Cette question la bruler et elle mourrait de le lui demander

Le moment où elle ouvrit la bouche pour lui répondre la porte s'ouvrit

« Steve mon chérie tu es la ? »

Hanna se tourna. C'était une femme d'un certain âge mais que la vie ne lui a pas enlevé belle avec es cheveux noirs fonces tires en chignon et des yeux d'un bleu qui vous rappelle la couleur du ciel le matin et un sourire rayonnant avec de belles dents blanche

« Maman quelle surprise que ce que tu fais ici », il prie la femme dans ces bras en l'embrassant.

C'était madame Catherine penabee elle est propriétaire d'un magnifique restaurant au centre de la ville et c'est un restaurant parmi d'autre quelle gère.

En le regardant ce n'était plus le PDG de l'entreprise que tout le monde craigne à chaque fois qu'il passait, mais un petit garçon qui était heureux de voir sa mère.

Elle la regarda avec fascination ; comme si ils venaient de réaliser sa présence, la femme se tourna vers et lui demanda avec un sourire

Ma chère vous êtes mademoiselle burgaffe je présume ?

Elle la regarda stupéfait comment elle la connaissait elle ne la jamais vue durant tout le temps quelle travailler comme secrétaire pour son fils

Comme si elle lisait dans son esprit la femme commença à rire

Tout le monde ici parle de la beauté et du charme de mademoiselle burgaffe la nouvelle assistante de mon fils ce qui est justement la vérité

Maman comment tu connais que j'ai une nouvelle assistante alors que jetait en voyage

Mon chéri je suis ta mère et je sais tout et je connais tout de tout le monde

En disant ca elle se tourna vers moi et me regardant droit aux yeux

J'avais peur pour la première fois qu'elle sache qui je suis réellement et le but de ma présence ici

Steve éclata de rire tu es bien ma mère en l'embrassant

La femme me regarder toujours

Ravie de te connaitre mon enfant je sis Catherine penabee en lui serrant la main

Tout le plaisir est pour moi madame je m'appelle Hanna ...je veux dire Lili burgaffe .

Ce prénom n'échappa ni au fils ni à la mère

Craignant le pire elle s'excusa et sorti du bureau ; une fois de hors elle tremble de tout son corps et pria que ni Steve ni Catherine n'a fait attention à ce prénom.

Pendant ce temps Steve parlait avec sa mère elle lui raconta son voyage a la Grèce

C'était magnifique et un pays de rêve et j'avais vraiment besoin de faire ce voyage.

Je suis content pour toi maman, tu es fatiguer pourquoi tes pas partis à la maison pour te repose

Elle fait un geste à la main

Non je ne suis pas fatiguer et en plus si je ne viens pas ici moi-même je ne sais pas quand j'aurais l'occasion

Elle luit souriait,

Je sais maman mais je suis déborder par le travail et il y a des problèmes a gérer

Quel problème chéri est ce que tout va bien

Oui ne t'inquiète pas c'est le travaille

Elle savait qu'il ne va dire et elle voyait bien dans c'est yeux qu'il lui cachait quelque chose depuis un certain temps.

Il regarda sa mère et comprend quelle ce fait des soucis pour lui alors il s'empressa de lui dire

Je vais venir ce soir pour diner avec toi maman

C'est vrai Steve ? Comme je suis heureuse ça fait très longtemps qu'on n'a pas diné tous les deux, pour cette occasion je vais te prépare ton plat préfère .

Il voyait bien qu'elle était heureuse et ça lui manquer aussi.

« Oui ça me manque notre discussion maman ».

Il l'embrassa et l'accompagna à la porte.

Une fois seule il repensa encore une fois à ce prénom HANNA ou il la bien entendu auparavant et la peur qu'il avait lu dans le visage de Lili.

Et du fait qu'elle n'était pas la même un certain temps, son esprit était toujours halleur et le regardait d'une certaine manière comme si elle voulait le tuer ce qui était nouveau lui qui était habituer aux filles lui tomber aux pieds pensa t-ill avec arrogance.

Au même moment Hanna ne se tenait plus en place elle pensait toujours à ce qui c'est passait, elle devait a tout prix de savoir ce qui c'est passait et la relation avec sa mère.

Je devrais commencer par son bureau. se dit-elle

Le lendemain matin Hanna est venue a peu en avance pour essayer d'entre dans le bureau

Elle trembler de peur.

Je dois me dépêcher, elle commença a ouvrir un par un les tiroirs du bureau elle trouve des clés et les prix puis elle fuyait aussi le pc mai à son grand étonnement il n'était pas éteint, elle trouve des fichiers mais l'un deux portait le prénom de sa mère elle voulait l'ouvrir mais elle entend des voix dehors alors elle s'empressa de fermer le pc et tout remettre en place.

au moment où elle ouvre la porte elle se retrouva face à Steve, il la regarda avec un air féroce

Vous faites quoi dans mon bureau ?

Je ... je suis venue chercher un dossier mais je ne les pas trouver

Un dossier ??? Quel dossier mademoiselle ??

Le dossier du projet chinois il y a quelque changement à faire.

Elle mentait et il le savait mais il ne dit pas un à le lui dire

Ah, non je ne l'est pas trouver, je m'excuse je dois y aller.

Il savait qu'elle a pris quelque chose il ouvrit le tiroir est ne trouve plus les clés.

Hanna regagna vite son bureau et cacha les clés dans son sac en se demandant quelle porte ou plutôt quelle secret elles ferment.

Steve s'asseyait sur son fauteuil et ouvrit un tiroir et sortit un fichier qui portait le prénom de Hannabelle ,il savait exactement qui elle mais elle n'avait aucune idée que pendant tout ce temps Steve porte des recherche sur elle .

Pendant toute une semaine elle essaye de trouver une chance pour entre dans son bureau quand il sort mais elle sentit comme s'il commence à douter telle.

Elle était en pleine penser quand le téléphone sonna.

Mademoiselle burgaffe venez à mon bureau.

Oui monsieur benabee

Son sixième sens lui dit que quelque chose cloche. Alors elle décida de jouer le jeu jusqu'au bout pour sa mère.

Entre

Vous voulez me voir monsieur penabee

Oui veuillez-vous assoir

Il a toisa de ces yeux et ne pas un mot

Hannabelle décida de briser la glace

Est-ce que il y a un problème dans le contrat monsieur ??

Apres un long silence il se leva et se dirigea vers la porte et la ferma a clés puis téléphona a sa secrétaire qu'il ne reçoit personne.

Il revient à elle et il lui répondit.

Qui êtes-vous exactement ??

Hannabelle sentit son coeur s'arrêter et elle l'avait une seule penser

Il sait qui je suis

Je ..... Je ne comprends pas monsieur. Je m'appelle Lili burgaffe ça fait 7mois que je travaille pour vous,

Il eut un rire qui ressembler a un ricanement

Il se leva et commença à marcher jusqu'à elle

Je veux dire quelle est votre vrai prénom, écouter je vous donne une chance de me dire la vérité c'est pour vous que je le fait

Elle trembler de tout son corps elle avait peur et elle ne savait pas quoi faire mais elle essaya de rester calme.

Elle ouvrit la bouche pour répondre mais elle préfère ne rien dire elle se leva pour sortir.

Mais au moment où elle pose sa main sur la poigner de la porte, il l'appela

Un instant Hannabelle, c'est bien votre prénom

Elle se retourna doucement et lui fait face.

Comment vous m'avez appelé ??

Hannabelle, je sais exactement qui vous êtes, maintenant asseyez-vous et dite moi la vérité.

Ça fait un moment maintenant que vous mentez et je n'aime pas les mensonges.

Elle n'avait nulle part ou allez et il sait qui elle ait.

Alors elle s'asseye et elle lui dit une phrase :

« Vous avez connu ma mère et vous l'avez tué vous êtes un meurtrier et je ne vais jamais vous pardonner. »

3

« Mais de quoi vous parlez ? »

« Je parle à propos de ma mère que vous étiez la cause ou plutôt le meurtrier de ma mère elle vous a aidez quand vous aviez besoin d'aide et en plus elle était juste un médecin elle n'avait rien à voir avec votre mode de vie ...... »

« Attendez un instant je ne comprends pas ..... »

« Je sais que c'est vous vous et vos hommes que vous l'avez pris de moi et que cette entreprise est juste une couverture pour toi .... »

Il posa tout à coup sa main sur ma bouche et me signe de me taire et vers la porte qu'ils nous écoutent

« Tout d'abord tu vas te calmer et me dire ces qui ta mère ?et c'est quoi le rapport entre ta mère et le faite de m'avoir menti à propos de ton prénom ? »

Tes qui ???

Alors c'était la goutte d'eau qui a fait déborder le vase et Hanna s'éclata en sanglots, il a regarda et attendez quelle se calme pour lui parler

Alors doucement Hanna commença à raconter

« Je m'appelle Hannebelle démos ma mère s'appeler Gabrielle démos elle est un médecin dans la clinique qui est au centre-ville, tu étais là-bas ce jour-là avec d'autre de vos hommes elle essayait de sauver l'un de vous mais vous l'avez tué. »

Il a regarda raconte et se rappeler parfaitement de cette nuit et de sa mère mais il ne la pas tuer, mais comment lui expliquer que tout ce merdier dans il s'est fourrer et qu'ils sont juste des victimes dans toute cette merde.

Hanna écoute moi je suis profondément désolé pour ta mère je me rappelle delle et de cette nuit mais je n'ai rien à voir avec sa mort, si tu es venu ici pour avoir des réponses alors je m'excuse je ne peux pas t'aider, ce n'était de ma faute et cette affaire c'est plus fort que nous. Et si jetait a ta place que je chercherais pas plus profondément parfois il vaut mieux laisser les choses tels qu'ils sont pour ton bien .

Pour mon bien ?? Ou pour toi ?? Ta peur que si je cherchais je trouverais les réponses que je cherchais pour mes questions et le faite que tu as tué ma mère.

Je te les déjà dit oui jetais a la clinique cette nuit, je connaissais ta mère mais je ne rien a voir avec la mort de ta mère, et si jetait toi je ne chercherais pas plus loin, je suis sur ta mère n'aurais jamais aimer te voir plonger dans ce monde

Tu étais là-bas cette nuit j'ai vu les caméras de surveillance je tes vue elle te connaissait, cet quoi ça relation avec toi ??

Steve la regarda et il était prêt à lui répondre mais il se résigna il regarda vers la porte ;

Ce n'est pas le bon moment ni la meilleure place pour parler de tout ça....

Quelqu'un frappais a la porte avant que Steve ne puisse finir sa phrase, il fait signe a Hanna de se taire et d'essuyais ses larmes, il la prit par le bras et la fait entres dans un placard et lui fait signe d'attendre et de ne pas se montre avant qu'il le lui dise ; elle le regarda mais étrangement elle sentit qu'il la protégeait, sans protestait elle le laisse faire.

Steve ouvrit la porte elle entendit une voix d'homme qu'elle connaissait parfaitement c'était l'un des hommes.

Bordel de merde pourquoi tu fermes la porte derrière toi, tu as quelqu'un avec toi.

C'était une voix qui vous glace le sang, l'homme entra en balayant le bureau du regard.

Arnold pourquoi tes encore furieux ??

Tu faisais quoi ça ta pris un temps pour m'ouvrir la porte.

Je consultais des fichiers et je regardais les caméras de surveillance de cette nuit

Arnold était sans pitié et l'homme au sale boulot le genre de boulot ou tu ne veux pas te salir les mains il les fait.

Tu as toujours des remords à cause de cette femme qui est morte ? dit-il avec un accent de moquerie

Steve le regarde avec un air grave,

C'était un médecin et elle n'a rien fait.

Oui ta raison c'était une victime dans la guerre il ya toujours des erreurs et cette femme est l'un de ces erreurs.

Steve le regarda avec mépris

Pourquoi tu es ici ton travail n'est pas avec moi.

Apres un bref silence Arnold répondit :

Je n'aime pas que les gens me bluffe ou est mon argent ??

Quel argent ?? Ton travail est avec mon père et je rappelle parfaitement qu'il ta payer, ton travail est fini.

Arnold rit d'un rire méchant

Cet argent était la moitié du travail, et je n'aime pas laisser derrière moi des témoins.

Steve savait maintenant ou il veut en venir, pendant se temps Hanna retenais son souffle et écouter avec effroi.

Steve lui demanda avec calme

Quels témoins ?? Les gens de la clinique ne peuvent rien dire ils ont trop peur pour dire quelque chose et de toute façon la police a fait sont enquête et elle conque lut que c'était un accident et en a payer L'homme il supportera tout dans la prison a l'échange que sa famille soit très bien, ou tu veux tuer chaque personne qui ta vue pour protéger tes fesses ?

Arnold éclata de rire :

« Je suis prêt à tuer toute la clinique et toute personne qui sera sur mon chemin, même si cette personne est toi. »

Steve Savait qu'il ne mâchait pas ces mots. Alors il posa la question dont il a peur d'entendre la réponse

« Est-ce que c'est une menace et de qui tu veux parler

Non bien sûr que non je te menace pas c'est juste un rappelle, et cette femme qui est morte ce médecin elle a une fille est mes hommes mont dit quelle fouille dans la clinique et elle mène sa propre enquête ce peut nous causer des ennuis dont je n'ai pas besoin. »

Hanna sentait son coeur s'arrêtait et quelle est sur le point de s'évanouir.

Steve demanda

« Tu veux faire quoi maintenant et de toute façon dit le a mon père c'est lui qui te paye moi je ne travaille pas avec toi. »

« Rassure toi mon argent je l'aurais et cette fille elle travaille ici du prénom Hanna démos tu la connais. »

« Non il y'a aucune personne de ce prénom. »

Arnold le regarda et il savait qu'il cachait quelque chose.

D'accord je la trouverais à la fin je les trouve tous à la fin et elle regrettera d'avoir fourré son nez dans cette affaire.

Il sort du bureau en claquant la porte derrière lui .Steve tourne la porte à clés.

Et se dirige vers le placard et fait sortir la fille qui tremble de tout son coeur et qui pleure.

« Qui est cet homme ? »

«C'est lui .... »

Steve lui dit de ce taire.

Ne dit pas un mot, pas ici, ils sont partout et ils te cherchent maintenant.

Steve et Hanna sont assis dans un café qui se situe en dehors de la ville dans un coin perdu et que personne ne connais c'était en quelque sorte sont coin de refuge loin de tout le monde.

« Dit moi la vérité je t'en supplie. »

« je sais Il y a 3ans, j'ai été suivis par des gens qui voulaient me tuer j'ai eu un accident et ta mère qui me soigner quand j'ai perdue espoir en tout à la vie au gens et elle était la c'est elle qui m'a pas laisser .cette nuit-là elle était là c'est moi qui lui a demandé de l'aide mon ami a été blesser et c'est elle en qui j'avais confiance , mais c'est gens sous ont suivis et une fusillades est éclater en sein de la clinique ta mère a essayer de soigner mon ami mais il a succombe à ces blessures , je n'ai eu pas le temps de la sauver mais je lui est promis de te protéger et je le ferais quand je tes vue dans lentérment je n'ai pas pu venir te parler j'ai que tu cherchais des explications je sais que ta demander à la police une autre enquête et que ta demander de l'aide de l'ami de ta mère , quand je tes vue à la société pour le poste d'assistante je savais que tu ne vas jamais baisser les bras avant de connaitre la vérité. »

« Tu savais qui j'étais et pourquoi je suis venue à ta société ?? »

« Bien sûr je te connaissais avant et je sais que ta changer de prénom pour une seule raison te venger des gens qui ont tué ta mère. » Lui dit en souriant

« Et tu n'as rien fait pour m'en empêcher, et tu m'a même embaucher a ta société. »

« Oui j'ai promis à ta mère, Hanna je ne peux te dire plus que ça et ne cherche pas plus loin pour ton bien. »

Hanna le regarda les yeux pleines de larmes mais ne dit pas un mot et Steve comprend parfaitement ce qu'elle ressent, il lui laisse un peu de temps pour digérer toute cette situation .Merci de m'avoir dit la vérité. J'ai une autre question qui était cet homme avec qui ton père travail qui est venu dans ton bureau qui s'appelait Arnold ....

« Ni pense même pas reste loin de lui et ne t'approche a aucun cas de lui c'est un homme dangereux sans pitié il n'a rien à perdre. »

Steve hurlait presque il n'est plus l'homme avec qui elle travail qui est toujours calme

« Je .... »

« Hanna ne t'approche pas de cet homme il te connait il sait que tu cherches dans cet affaire. Et il y a aussi mon père qu'il ne vaut pas bien que lui. »

Apres un bref silence,

« Je vais t'aider mais tu feras exactement ce que je te dis. »

« Pourquoi tu fais ça ? »

« Je fais quoi ?t'aider ??? »

« Je le fais pour ta maman je le lui dois pour tout ce qu'elle a fait pour moi. »

Hanna le regarda elle était prête a parlé mais ne dis rien.

« Merci Steve mais en commence par quoi. »

« La maison de mon père il faut attendre le bon moment pour entre et cherche dans son bureau, j'ai voulue entre mais je n'ai pas eu le temps. »

« Mais comment en va faire ? Le bureau et la maison elles sont certainement sécuriser et il y a forcément des gardes partout. »

« Je sais j'ai pensé à tous la maison ça sera simple puisque je suis son fils et le bureau j'ai déjà fais une copie des clés que tu as pris la dernière fois. »

« Tu le savais ?? »

Steve lui sourit :

« Bien sûr je le savais, je te lest dis je sais tout. Tu la toujours sur toi ?? »

« Oui dans mon appartement ».

« Bien je te dirais quand on partir, mais en doit faire un plan. »

Ils se regardèrent et Hanna pensa pour la première fois que sa mère lui as envoyé un ange pour la protéger quelle n'était pas toute seule, il y a quelqu'un pour l'aider et pour la protéger.

4

Hanna et Steve étaient dans la voiture devant la grande maison du père de Steve ils attendaient le bon moment pour entraient.

Ça fait un mois qu'ils préparent leur coup est c'était aujourd'hui qu'ils font passer à l'action, Hanna était anxieuse.

- Est-ce que tu vas bien ?

- Oui je vais très bien, c'est juste que....

Steve savait ce qu'elle ressentait, il posa sa main sur la tienne et malgré elle la chaleur de sa main lui redonna confiance et espoir, elle était reconnaissante d'être là. Durant toute cette période il ne la pas laisser ils ont fait des recherches sur son père et deuxième travail que son père menait avec cet homme nommait Arnold juste le fait de prononcé son nom ça vous glace le sang, mais ils n'ont pas des preuves sur ce qu'ils ont trouvaient. C'est pour cette raison qu'ils vont passer à l'action et de venir chercher dans la maison de son père.

Ils ont observé la maison pendant un mois et la sécurité excessive qui la garder comme s'il y'avait un dragon à empêcher de sortir, combien il y'avaient dans chaque coin de la maison et combien de fois les gardes changes à l'intérieur comme à l'extérieur, pour les caméras de sécurités un des employé de la maison qui est une personne de confiance que Steve a aidé jadis va nous aider.

-Tout va bien ne t'inquiète pas je suis là et je ne te laisserais pas mon père n'est pas à la maison en va entrer en va chercher au bureau s'il y a une évidence qui prouvent la relation entre mon père et Arnold, le moindre détail pourra nous aider, pendant ce temps le gars va éteindre les caméras de sécurité pendant que nous sommes a l'intérieur de la maison, tu vas faire exactement ce qu'on a dit de faire et tout ce passera très bien.

-Et si ton père savait que nous avons cherchaient dans son bureau ??

Steve sourit

-Je ne l'espère pas, mais si ça arrivait alors on saura dans de beaux draps.

Ils se regardèrent et eurent la même penser, il faut faire vite et être prudent par-ce-que le jeu en vaut la peine.

Alors ils marchèrent vers la maison, il avait une haute protection de sécurité .Steve sauna a la porte un homme d'un certain âge leur ouvrit la porte et leur montra le chemin jusqu'à le salon.

Steve dit au majordome ;

-On pourra allez au bureau je voudrais montre à mon amie mes ouvrages préfère ?

-Bien sur monsieur Steve allez y je vous apporterais des rafraichissements et des biscuits, vous avez besoin d'autre chose ?

-Merci cela suffit .Steve lui sourit

Puis se tourna vers Hanna

-Allez viens ma chère je vais te montre quelques livres que j'ai toujours aimé consulter et qui mont fort aider.

La bibliothèque était géante et fascinante, tant de livres et d'ouvrages elle aurait aime rester là à les lire et les consulter mais hélas ce n'était pas le bon moment.

Ils leur apportèrent des rafraichissements et des biscuits. Avant de sortir le majordome dit à Steve avec un accent de nostalgie ;

-Je me rappelle que passiez des heures dans cette bibliothèque, vous étiez un si gentille garçon ça me font le coeur de nous voir plus dans la maison vous et votre elle était si merveilleuse comme un rayon de soleille.

Il dit ses mots avec une telle tristesse. Steve lui sourit et une telle gentillesse

-Je te remercie robert tu étais comme un père pour moi et de m'avoir toujours aimé.

Le vieux majordome lui sourit et sort de la bibliothèque.

C'était leur chance le gars qui est supposé les aider envoya à Steve un message que toutes les caméras de surveillance sont éteintes causé par un mal fonctionnement dans le système.

Anna cherchait dans les tiroirs et Steve dans les fichiers qu'il trouvait, l'un des tiroirs était fermé.

-Steve ce tiroir est ferme peut être la clé que j'ai trouvé dans ton bureau pourra l'ouvrir,

Steve la regarda et approuva par la tête ; Hanna sortit la clé de son sac et essaya de l'ouvrir et c'était la bonne. Il y'avait un CD et deux fichier l'un deux portait leur prénoms Steve penabee et d'Hannebelle demos et les photos ils ne connaissaient personne sauf deux le premier était l'ami de Steve qui est mort cette nuit-là et le deuxième c'était l'ami de sa mère oncle Albert.

Hanna regardait avec horreur toute les photos ils la connaissaient et tous les gens qu'elle aime.

Steve c'est quoi ça ? C'est quoi ces photos comment ils savent tout ça ?

Avant que Steve ne répondent a ces question le gars qui les aider lui envoya un message qu'ils devraient sortirent maintenant.

Pas maintenant il faut qu'on part maintenant on n'a pas le temps.

Ils ramassèrent tous ce qu'ils ont trouvaient le CD et tous les fichiers qu'ils ont trouvaient le cachèrent sous leur vêtement et remettaient tous en ordre et en place.

A leur sortit ils rencontrèrent le vieux majordome.

-Oncle robert en doit partirent, je peux te demander une faveur ?

-Oui bien sûr monsieur ce que vous voulez.

Steve lui sourit et dit :

-Ne dit à personne que nous sommes venus même pas à mon père.

Le vieux majordome le regarda mais il comprenait.

-Monsieur je comprends je ne dirais rien et si vous avez besoin de quoi que ce soit je suis là.

Steve le regarda le remercia et sortirent de la maison vite, à peine arrivé à la voiture qu'ils voient la voiture du père de Steve avec Arnold c'était son bras droit l'homme au sale boulot c'est comme ça qu'on l'appelait.

Une fois qu'ils sont arrivés à la maison de Steve ils commencèrent à regarder les fichiers contenant leur informations et le CD, l'un des fichiers monteront le genre de relation qua le père de Steve avec Arnold et leur sale boulot et c'était le trafic d'humains ils tuaient et vendaient les organes humains. Mais ce qui horrifiait Hanna le plus c'était que l'oncle Albert qu'elle aimait comme un père était avec eux aussi.

Hanna le regarda

-Tu le savais ?

Steve cacha son visage dans ces mains il était consternais et dévaster par tout ce qu'il avait découvert.

- J'avais des doutes je n'étais pas sure c'est pour ça que j'ai envoyé mon ami mais je n'avais aucune idée que je l'envoyé à la mort enquêter mais il est mort à cause de moi.

Hanna le regarda avec compassion elle comprenait parfaitement ce qu'il ressent.

Hanna posa sa main sur la tienne avec un geste chaleureux :

-Je comprends parfaitement ce que tu ressens mais ce n'est pas de ta faute, ce n'est pas toi qui la tué arrête de te blâmer, c'est de leur faute et ils vont le payer pour la mort de ton ami, de ma mère et pour tous les gens qu'ils ont tué mais j'ai besoin de toi, j'ai besoin de ton aide.

-Je suis désolé pour ta mère.

-Ce n'étais pas de ta faute on est tous des victimes dans ce complot.

Il a regarda dans les yeux et elle sentit son coeur battre très fort et sa respiration qui devenait très faible. Il a regarda est réalisa comme elle est belle il adorait quand elle est à cote de lui, d'entendre sa voix qu'il le fait rêver son odeur qui est flotte dans l'air chaque fois qu'elle passait.

Il regarde ce jolie visage qui est accoté de lui et cette petite main qui le réconforté. Alors il prit son visage dans ces mains est doucement il approche ses lèvres d'elle et l'embrassa un baiser doux. Ses lèvres était douce et pour la première fois qu'il réalise qu'il aime et qu'il veut la protéger a tout prix il se sentait bien chaque fois qu'il est à côté d'elle il sentit son coeur battre la chamade.

Cette nuit-là ils passèrent la nuit dans les bras de chacun, elle avait peur, tout ça était plus grand qu'eux mais sa présence la réconforta et lui donna du courage pour affronter demain et ce viendrait avec.

Ils établirent une stratégie et commencèrent leur plan. Ils suivirent chacun; Steve suivit son père et Arnold et Hanna suivit oncle Albert pour connaitrent leur habitudes, leur coin préférer, les gens avec qui ils parlent et où ils habitent.

Ils doivent faire très attention car une erreur et ils sont cuits.

5

Il était encore tôt est Hanna ne pouvait pas dormir que le téléphone sonna, elle répond au téléphone.

-Allo ?

-Allo ? Est-ce que monsieur Steve est là ?

-Oui, je lui dis qui ?

-C'est oncle robert le majordome .., il s'arrêta de parler puis dit est ce que vous êtes la jeune fille qui est venu avec lui ??

Hanna répondit en hésitant

Oui c'est moi, est ce que vous allez bien ??

Mademoiselle, oui oui je vais bien.

Hanna sentit que quelque chose ne va pas, alors elle réveilla Steve et lui donna le téléphone.

Steve sentit que quelque chose n'allait pas juste en regardant Hanna

-C'est oncle robert il veut te parler.

-Allo oncle robert est ce que tu vas bien ??

-Steve il faut que je te dise quelque chose, est urgent c'est à propos de ton père.

-Oncle robert que ce qui se passe.

-Pas ici pas au téléphone, il faut quand ce voit il faut que tu saches quelque chose.

Steve raccrocha et se tourna vers Hanna il était anxieux et il avait peur de ce qu'il allait connaitre sur son père.

-On doit sortirent, on doit partirent voir oncle Robert, mais avant on doit se déguisaient ils pourront nous suivent sachant qu'ils savent tous sur toi c'est trop dangereux.

Apres s'être déguisaient ils sortirent de la maison en prenant un taxi et être sur que personne ne les suivaient.

Ils rencontraient le Vieil homme assis dans un café, en le voyant il était pale et trembler de tout son corps.

-Oncle robert est ce que va pourquoi tu veux nous voir ?

- Steve j'ai connus ta mère depuis quelle s'est marie avec ton père, elle était si gentille comme un ange, elle était attentionnait aimer tout le monde et elle t'adoré et tout le monde l'aimer dans la maison, on a été dévasté qu'on lest morte.

Steve le regarda avec étonnement

-De quoi tu parles oncle robert, ma mère est toujours en vie

-Non Steve ta mère est morte quand tu avais 3ans tout le monde a dit que c'était un accident même la police a conclus que c'était juste un accident .mais la vérité est plus que ça. Je me rappelle de cette journée ta mère a surpris ton père la trompe alors il y a eu une grande dispute, alors elle ta prit et vous avez quittez la maison mais votre père vous a rattraper et il ta ramener à la

maison tu as tombe malade et la fièvre ne voulait baisser après tu avais complètement oublié ce qui s'est passé, 4mois après il s'est marie avec la femme que tu crois que c'est ta mère.

-Un accident ? Il a tué ?

- Je ne sais pas qu'elle a eu un accident elle a juste disparu, je voulais aller la voir à l'hôpital mais il m'a dit qu'elle a rentre à son pays.

Steve ne croyais pas ces oreilles, il était dévasté, anéantit.

-Oncle robert je ne comprends pas pourquoi tu me dis tout ça maintenant

-Parce que tu dois savoir la vérité et je veux que tu sois sain est sauve et vivre comme ta mère a toujours souhaite. Alors si tu veux que quelqu'un témoigne je suis là pour toi et pardonne moi et autre chose il a su que tu étais dans la maison et que ta fouillé dans le bureau.

Je le savais Steve j'aurais aimé t'aider mais j'avais peur mais maintenant je suis là pour toi si ta besoin de moi.

-Je n'ai rien à te pardonner tu ma protéger de ta façon et je serais toujours reconnaissant pour tout ce que tu as fait pour moi.

Une fois à la maison Hanna ne trouvait rien à lui dire elle savait ce qu'il endurait ce qu'il ressentait.

-Reste près de moi je t'en supplie ne me laisse pas j'ai besoin de toi Hanna.

Hanna s'assoit accoté de lui en le prenant dans ces bras toute la nuit et juste cette présence était réconfortante pour lui et pour elle.

Mais au font de lui il ne va jamais lui pardonner et il va tout faire pour le lui faire payer.

6

Steve pensait en regardant Hanna dormir à côté de lui de cette souffrance et cette peine qui les déchirent sans pouvoir parler et qu'ils ont senti elle quand elle a perdu sa mère et a découvert que les gens quelle faisait confiance et quelle pensait qu'ils valait la peine de se battre était des traitres des monstres et lui que toute sa vie à aimer une femme qui était supposé être sa mère ne l'était pas. Que cette souffrance que tout le monde cherche à éviter... Mais bien le plus malin des humains ne pourra y échapper. Serait-il possible qu'elle soit souvent justifiée ou qu'à quelque chose de bon un côté qu'on pourra comprendre un jour. Perdre quelqu'un ce n'est pas quelque chose d'anodin... Ça nous rappelle en permanence que la vie ne tient qu'à un fil. Et ça fait vraiment peur de penser qu'on pourra perdre à n'importe quel moment un être cher !!!

Depuis tout ce temps Hanna ne pouvait plus dormir, il a voyait chaque nuit à voir des cauchemars et appeler sa mère et ça lui faisait de la peine de ne pouvoir guère l'aider.

Depuis le jour où oncle robert lui a raconté toute la vérité le seul filet qui le laisser vivre et se battre pour protéger sa mère était perdu et détruit il ne savait plus quoi croire ou pas, ce qui est vrai ou non. Mais il était heureux que Hanna était à ces coté et ca s'était vrai et bien réelle.

Il essaya de ce rappelé de quelque chose mais il n'arrivait pas, il sentait une douleur dans sa tête à chaque fois.

Ils étaient devant la maison du père de Steve, ils vont essayer d'entrer dans la maison pour maitre des camera dans le bureau et dans la chambre de son père cette fois oncle robert va les aider.

-Allez entrer il y a personne à cette heure, le vieux robert les entrer ils installèrent une caméra dans le bureau puis une autre dans la chambre. Avant de sortirent il donna a Steve une photo d'une femme qui était resplendissante.

C'est ta mère elle s'appelait Élisabeth mais tout le monde l'appelait Lili.

Steve ne pouvait pas parler tant il était heureux, il essaya de ne pas le montre mais sa voix le trahissait

Il prend la photo avec une telle tendresse comme s'il avait peur de lui faire mal et il caressa ce joli visage qu'il lui sourit.

-Maman !!!!

Parmi toute les choses qu'il a eu dans sa vie mais simplement la photo de sa mère la rendu heureux s'il le pouvait il aurait pleuré de joie.

Cette nuit-là il a rêvé de sa mère et le jour de l'accident. Hanna se réveilla en sursaut au cri de Steve

-Steve Steve réveil toi !!! Steve!!!!!

Il se réveilla en criant et en ce comprenant en bras de Hanna

-Que ce qu'il y a Steve tout va bien chéri je suis là, doucement je suis là.

Elle le prit dans c'est bras et essaya de le calmer.

Hanna je me rappelle de tout. Sa voix vibre et il était en sueur comme s'il avait couru des kilomètres.

-Je me rappelle de ce jour-là, je jouer dans ma chambre quand j'ai entendu mes parents se disputaient. Ma mère était en colère et pleurait à cause de mon père elle voulait partir, mais il a menace de la priver de moi et de ne plus me voir. en suite mon père sortit de la maison en claquant la, porte derrière lui la laissant pleurer dans la chambre à ce moment-là j'ai partit chez elle, elle ma prit dans ces bras en me disant quand va partirent.

Oncle robert est venu nous aider, on a parti en toute hâte en étaient a mis chemin quand mon père nous a attraper, ma mère à essayer de lui échapper mais il a percuté par sa voiture ma mère se tourner vers moi je me rappelle elle avait du sang partout elle me disait « je suis désolé Steve désolé mon chéri j'ai essaye mais je n'ai pas pu n'oublie pas je t'adore plus que tout » c'était ces dernière mots.

Steve ne pouvait plus parler il tremble de rage et de peine il était dans un tel état que Hanna avait peur pour lui.

Steve calme toi

Hanna elle est morte à cause de moi pour me sauver pour protéger de mon père pour me donner une vie meilleure, c'est moi .....

Hanna ne pouvait rien dire elle le prend dans ces bras et attendit qu'il se calme un peu, toute la nuit il répéta la même chose que c'était de sa faute.

Le lendemain elle attendit qu'il se réveille et le laissa dormir un peu.

Une heure après, Steve s'est réveillé assit sur son lit en train de voir le vide un simple regard vers lui, elle comprit toute les émotions qui sont en lui.

-Est-ce que tu vas bien ?

-je ne sais pas Hanna si je dois te dire oui de me rappeler de mon enfance ou non de me souvenir de ce douloureux souvenirs, ou d'être reconnaissant de cette femme qui s'est occupe de moi et ma aime.

-Steve je ne suis pas en position de te dire ce que tu dois faire ou sentir, mais ils y a deux femmes dans ta vie une ta donne la vie ta aimer et s'est sacrifier pour toi et l'autre elle ta aimer aussi ta protéger ta éduquer et ta appris tout ce que tu sais maintenant.

- je sais Hanna mais je ne peux pas lui faire face maintenant.

-Tu as tout le temps maintenant que tu connais la vérité.

Hanna resta silencieuse

-Tu veux me dire quelque chose ?

-Il faut que tu voies les caméras.

Quand ils visualisent les cameras ils étaient ébahi par ce qu'ils voient, il y'avait oncle Albert et Arnold et le père de Steve dans le bureau. Il y'avait une mallette rempli d'argent ils la donnèrent a oncle Albert, quand ils augmentèrent le son c'était la surprise.

-alors Albert tu décides quoi ?

C'était Arnold qui parlait.

- Je ne sais pas j'ai vue cette fille grandir devant mes yeux j'ai connu sa mère, elle est venue me demander ce qui s'est passé cette nuit, je ne lui es rien dit elle n'est pas un danger.

- Je ne le crois pas elle a demandé une nouvelle enquêté mais au moins en a nos hommes dans la police ont refusé après elle est allez travailler dans la société de son fils.

- Comme je vous es dit elle n'est pas un danger laisser moi lui parle pour savoir ce qu'elle veut faire et je vais essayer de la convaincre de laisser la ville.

- Arnold le regarda attentivement et dit :

- Tu veux la sauver Albert ? D'accord je te laisse 48 heures pour lui parler et quelle laisse tout le pays sinon je vais la laisser rencontrer sa mère.

Albert acquise

-D'accord, Je vais la convaincre mais ne lui fait pas de mal.

Albert se leva est sorti du bureau, alors le père de Steve se tourne vers Arnold et dit :

- Suis le et si elle ne veut pas quitter le pays tu sais ce que tu dois faire fait en sorte qu'elle ne parle plus.

- Un accident tu veux dire ?et pour lui je ne lui fait pas confiance ni a ton fils il laide et la protéger.

- Un accident regrettable ils y a des milliers d'accident chaque jour pas vrai ? mais que ce soit vite ; rien ne soit relier à moi et pour mon fils laisse le pour moi.

- Albert ?

- On a besoin de lui pour le moment, après cette mission..... après un bref silence il est un vieux et toutes les vieilles personnes finissent par mourir.

Steve et Hanna ne croyaient pas leur oreilles, ils étaient aurifier.

- Ils veulent nous tuer pour ne rien dire..... le téléphone de Hanna commença a sonner c'était oncle Albert.

- C'est oncle Albert.

-Répond est fait en sorte qu'il ne sache rien et que tout va bien.

- D'accord.

- Allo ?? Oncle Albert ??

- Hanna ma chérie est ce que tu vas bien

- Oui oncle Albert je te remercie

- Ça fait un moment qu'on ne s'est pas vue et je pense t'inviter boire un café aujourd'hui si tu n'es pas occupé.

- Ca ce sera avec un grand plaisir.

Hanna était déçue par cet homme qu'elle faisait confiance et elle avait du mal a joué la comédie mais il fallait tenir jusqu'au bout.

Hanna attendait dans un café et Steve n'était pas très loin et qui écoutait tout.

- Ma chérie.

Cette voix que jadis était réconfortante pour elle et devenue un frisson pour elle.

- Oncle Albert tu vas bien.

- Oui ma chérie je vais bien, alors tu tiens le coup, tu travailles ?

- Oui dans une société.

- Albert jugea bon de ne pas trop posé de question pour ne pas eveillai un soupçon.

- Hanna je pensais pourquoi tu ne quittes pas la ville ou mieux tout le pays pour avoir un nouveau départ.

- Tu penses quoi ??

Hanna ne savait quoi répondre elle avait peur de cet homme qu'elle considéra un père autrefois.

- je n'ai jamais voulus quitte cette ville car j'ai beaucoup de souvenirs avec ma mère qui me tient à coeur mais ces temps-ci je t'avoue je penser à aller m'installer ailleurs.

Albert était heureux de ce qu'il entendit il a croyait parait-il.

Ils parlaient encore un peu puis se quittèrent, Hanna était heureuse de partir, mais elle n'avait aucune idée quelle étaient suivit.

Une fois à la voiture Albert téléphona :

-Arnold elle va partir, elle va quitter la ville elle me la dit.

- au simple que ça ? Tu es sur ?

- Oui elle était triste et elle me dis qu'elle ne voulait plus reste dans cette ville, alors tout va bien je te les déjà dis elle nous causera aucun problème.

Arnold ne croyait pas un mot, mais il a déjà ces hommes qui la suivaient et observer son appartement.

-d'accord, on verra mais si ne part pas tu sais déjà les conséquences.

Albert resta silencieux il savait c'est homme avec un coeur de pierre et macabre.

-Je sais mais elle va partir.

Pendant ce temps Hanna téléphona à Steve sur le chemin vers son appartement.

- Allo, Steve je rentre à l'appartement.

- Hanna que ce qui s'est passe, je t'attendais

- je sais mais j'avais peur qu'il me suit, il ma demande de quitte la ville ou tout le pays pour mon bien.

Il te menace alors, tu lui a répondit quoi ?

- je lui ai dit oui que je ne veux plus rester dans une ville que tout me rappelle ma mère ; il me croit.

- tu as bien fait d'accepté.

- Je vais partir mon père maintenant

- Quoi ? non ne part pas tout seul

Hanna avait peur à l'idée de le perdre aussi

Ne t'inquiète pas il ne va tuer son propre fils, je crois. Que N'en finissent une fois pour toute.

Avant qu'Anna répond quelqu'un entra avec fracas a l'appartement et des hommes masquer lui fermait la bouche avant même quelle ait le temps de crier, malgré son débat ils étaient forts une seconde après tout est devenue noir.

Steve a tout a entendu a l'autre bout du fil, mais a la place de la voix d'Anna qu'il attendait à entendre c'était une voix d'homme une voix qu'il connait très bien.

-si tu veux revoir ta petite protégé encore une fois tu sais ou la trouver et quoi faire.

Steve sentit la rage montait en lui et l'angoisse de perdre la seule personne qui aime et à qui il tient, le seul être qui lui a rendu le sourire et le gout de vivre.

Il conduit jusqu'à la maison de son père il trouva Arnold et son père et Albert qui sont réunis a la maison.

- Vous êtes juste une bande de sauvages d'assassin, si vous lui faite quoi ce soit vous allez le payer.

- Calme toi ta protéger va bien

- Steve se tourna vers Albert

- Elle te faisait confiance mais tu es comme eux

- Je lui ai dit de partir et ils ne vont rien lui faire ils vont juste la laisser ici jusqu'à ce qu'ils soient sur que tu détruises toute évidence que tu as sur nous.

- Et tu les a cru après ils vont tous nous tuer même toi.

- Albert le regarda avec curiosité

- De quoi tu parles

Alors Steve sortit son téléphone et le laissa entendre l'enregistrement.

Albert se tourna vers eux est crier

-Vous êtes des traitres

Arnold rie d'un rire froid

-écoute moi vieille homme c'est du bisness, je n'aime pas les ennuis alors puisque j'en ai alors je dois les éliminer qui que ce soit. Et toi il vaut mieux que tu arrêtes de crier regarde autour de toi c'est impossible que tu sortes de cette maison si en te le permet pas et je sais que tu es venu ici et ta fichier ce qu'il y'avait dans le tiroir.

-Ou est Hanna ?

-elle n'est pas ici, tu la verras quand tu feras ce qu'on ta dit

Je veux la voir d'abord ou je vous jure que vous allez le payer.

Le père de Steve le regarda et fait signe a Arnold d'apporté la fille.

Arnold dit à l'un des hommes d'apporter Hanna.

Ils y'avait des hommes grand et fort avec des armes il vaut mieux qu'il se calme et faire en sorte qu'ils sortent lui et Hanna de cette maison sain et sauve.

Un des hommes ramena Hanna elle était pale et pleurait.

-Hanna tu va bien

Il voulait s'approcher mais des hommes le frappèrent à la tête et tout est devenu noir.

Il croyait entendre sa mère l'appeler et riez

-Steve allez tu dois te réveillez en doit sortir.

-Maman c'est toi

Il voulait la toucher mais il ne pouvait pas

-Steve, Steve réveille toi

Il croyait que c'était sa mère l'appeler mais c'était Hanna, sa tête lui faisait mal

-Steve, Steve est ce que tu vas bien ?

Il ouvrit les yeux et voyait Hanna devant lui qui criez et avait peur ; peur pour lui.

-Aidez-le à se lever

C'était Arnold qui s'adressaient a ses hommes, ils étaient plus a la maison mais quelque part loin, ils y'avaient juste des arbres autour deux .il comprit qu'ils allaient les tuer.

-Maintenant si en finissent de cette mascarade donne-moi les fichiers et le CD

-Non c'est votre ticket de prison.

-Soit raisonnable si tu t'en fous de ta vie pense à elle.

Faisant signe a Hanna, il a regarda elle trembler.

Arnold part vers elle et pointa l'arme vers elle

-Maintenant les fichiers ou sa vie tu choisis quoi ?

- Non ne fait pas ça je vous donnerais tôt mais laissez là partir.

-Non Steve ne leur donne rien ils vont nous tuez de toute façon au moins qu'ils payent de ce qu'ils sont fait

Arnold riez à l'éclat

- Elle est intelligente cette fille, oui je vous tuerez mais au moins ça se sera vite et sans douleurs.

- Non Steve rappelle-toi de ta mère, de ton ami qui s'est sacrifié pour avoir tous ces évidences.

- - ferme-la Arnold criez.

- Steve je t'en supplie si tu leur donne ce qu'ils veulent je ne te le pardonnerais jamais.....

Avant qu'elle ne puisse finir sa phrase il y'avait un coup de feu et ce n'était pas Arnold mais le père de Steve qui a tiré sur Hanna.

- Hanna non !!

Steve courrait vers elle et la prit dans ces bras :

- Hanna je t'en supplie ne me laisse pas, reste avec moi je t'en supplie.

- Je ne laisserais pas une fille je ne sais pas d'où elle vient et détruire tout ce que j'ai construit toute ma vie.

Steve l'écoutait

-Tu as tué ma mère et tu as tué mon ami et même la fille que j'aime.

-Pourquoi ??

Avant que le père de Steve réponde ils entendaient la police arrivait .Quelqu'un les avez appelé alors ils partirent à toute vitesse laissant Steve et Hanna qui coulait dans son sang, elle entendit Steve l'appelait mais ce qu'elle voyait était autre chose

-Steve je la vois.

-Qui ça Hanna.

-Maman elle est là elle est venu pour moi.

-Non Hanna je t'en supplie reste avec moi je te sauverais je vais t'emmener à l'hôpital accroche toi un peu.

Hanna était faible elle perdit beaucoup de sang, elle n'a jamais pensé à sa mort mais elle n'a jamais pensé que ce sera de cette façon que la vie va être arracher delle de violence.

Elle entendit Steve l'appelait mais sa voix devenais de plus en plus faible jusqu'à devenir juste les ténèbres autour delle ....

À suivre

-

Printed by Books on Demand GmbH, Norderstedt / Germany